Trade gegen den Trend!

Heikin Ashi Trader

I0465896

DAO PRESS

Inhaltsverzeichnis

Teil 1: Die Snap-Back-Trading-Strategie 3

Kapitel 1: Trade wenn die Masse Angst hat..........................3

Kapitel 2: Warum ich nicht dem Trend folge 10

Kapitel 3: Mean Reversion 11

Kapitel 4: Risikomanagement 19

Kapitel 5: Wie erkenne ich extreme Bewegungen? 22

Kapitel 6: Geduld beim Entry 28

Kapitel 7: Schützt mich der Stop wirklich vor hohen Verlusten?..32

Kapitel 8: Trade-Management................................35

Kapitel 9: Exit..36

Kapitel 10: Wann treten die besten Trading-Gelegenheiten auf? ..38

Kapitel 11: Warum Sie den Wirtschaftskalender studieren sollten 39

Teil 2: Trading-Beispiele 44

Kapitel 1: Beispiele in den Aktien-Indizes 44

Kapitel 2. Beispiele in den Währungsmärkten (Forex) 46

Kapitel 3: Beispiele in den Aktienmärkten 49

Kapitel 4. Beispiele in den Rohstoffen....................52

Glossar 55

Weitere Bücher von Heikin Ashi Trader 58

Über den Autor 63

Impressum...64

Indikatoren. Obwohl viele Trading-Strategien auf diesen Indikatoren basieren oder sie zur Signalgenerierung einsetzen, haben sie sich für mich als ungenügend erwiesen wenn es darauf ankommt, profitable Trading-Signale zu generieren. Die Fehlerquote ist einfach zu hoch, egal wie man an den Parametern schlüsselt.

Der Grund für das "Scheitern" dieser auf vergangenen Daten basierenden Indikatoren ist einfach. Das, was Statistiker als Mittelwert beschreiben ist kein statischer Wert. Er ist auch keineswegs für immer festgelegt, so dass der Anleger nur zu "warten" braucht, bis sich die Kurse wieder diesem Wert annähern. Unter Umständen kann man lange warten, mitunter sogar vergeblich.

Als Beispiel mögen hier die durchschnittlichen Renditen festverzinslicher Wertpapiere gelten. Deren statistischer Mittelwert liegt historisch in etwa bei 3 %. Fakt ist aber, dass die Rendite (für die Bundesanleihen) seit 2010 weit darunter liegt und Anleger noch lange warten können, bis sie sich ihrem „historischen Mittelwert" wieder annähert. Im Klartext bedeutet dies, dass Mittelwerte keine statischen Größen sind, die für ewig festgeschrieben sind sondern dynamische Größen, die von externen Effekten, wie zum Beispiel Inflation, beeinflusst werden. Durchschnittswerte sind also „sich bewegende" Kursziele. Das macht es natürlich schwer, sie exakt zu berechnen.

Wenn der Mittelwert bei den festverzinslichen Wertpapieren noch einigermaßen stabil bei 3 % liegen mag, sieht es bei einem Markt, wie etwa Rohöl, ganz anders aus. Hier liegt der statistische Mittelwert seit 1960 bei $ 31. Davon haben wir uns seitdem immer wieder weit entfernt, und es ist die Frage, ob wir diesen Wert je wiedersehen werden, obwohl es nicht unmöglich ist. Sollte Aramco, die größte Erdölfördergesellschaft der Welt aus Saudi-Arabien irgendwann doch ihren Börsengang durchführen, dann könnten wir bald Kurse weit unter diesem Mittelwert sehen. Denn dann müssten die Ölscheichs ihre Karten auf den Tisch legen und der ganzen Welt mitteilen über wieviel Öl sie tatsächlich verfügen. Sollte sich in dem Fall herausstellen, dass die Saudis genügend Öl haben, um alle Ozeane der Welt damit zu füllen (nicht unwahrscheinlich!), dann könnten wir die 31 $ beim Ölpreis schnell wiedersehen, und viel tiefere Kurse auch. Also Vorsicht mit vorschnellen Meinungen über den Ölpreis.

Das bringt mich zu einer Begegnung, die ich vor mehreren Jahren mit einem amerikanischen Trader hatte, der gerade Berlin besuchte. Als ich

Kapitel 3: Mean Reversion

Bevor wir in die Details dieser Trading-Methode einsteigen, sollten wir erst den Grund betrachten, weshalb Traden gegen den Trend funktionieren kann und weshalb es auch weniger riskant ist, als es auf den ersten Blick erscheint. Die Rede ist von dem *Mean-Reversion-Effekt*. Der Begriff stammt aus der Statistik, in der er als „Regression zur Mitte" bekannt ist. Er beschreibt das oft beobachtete Phänomen, dass nach einem extrem ausgefallenen Messwert die nachfolgende Messung wieder näher am Durchschnitt liegt, falls der Zufall einen Einfluss auf die Messgröße hat.

Was kompliziert klingt, ist eigentlich etwas Einfaches. Es bedeutet, dass je weiter sich die Messwerte von ihrem Durchschnitt entfernen, desto eher besteht die Chance, dass sie zu diesem zurückkehren werden.

Bezogen auf die Finanzmärkte bedeutet diese Theorie, dass Märkte zu Übertreibungen neigen, die sich mit der Zeit nicht nur zufällig korrigieren. Märkte haben sozusagen ein "Gedächtnis" und neigen dazu, vorherige Bewegungen umzukehren.

Konkret heißt dies, das jeder Kursanstieg notwendigerweise irgendwann korrigiert wird (sprich: von sinkenden Kursen abgelöst werden muss). Die Amerikaner drücken es kurz und knapp aus: "What goes up, must come down" und umgekehrt.

Mean Reversion oder Rückkehr zum Mittelwert bedeutet, dass Kurse langfristig nicht nur um einen mittleren Wert schwanken, sondern geradezu aktiv wieder zu diesem zurückkehren. Die Theorie steht daher im Gegensatz zur bereits angesprochenen Markteffizienzhypothese.

Der Grundgedanke der Mean Reversion lautet also, dass Kurse, die sich "weit" vom Mittelwert entfernt haben, früher oder später zu diesem zurückkehren werden.

Eine Trading-Strategie, die auf Mean Reversion basiert, geht also von der Erwartung aus, dass extreme Kursänderungen zu ihrem früheren Mittelwert zurückkehren müssen. Dies gilt natürlich sowohl für extrem gestiegene Kurse als auch für extrem gefallene Kurse.

Nun gibt es bekanntlich unterschiedliche Indikatoren in der Technischen Analyse, die auf dieser Annahme basieren. Die Bekanntesten unter ihnen sind RSI (Relative Stärke Index) und die verschiedenen Stochastik-

Kapitel 2: Warum ich nicht dem Trend folge

„Buy high and sell higher" oder „sell low and buy lower". Dies ist das Mantra der Trendfolger. Es hört sich nach gesundem Menschenverstand an. Und in der Regel ist es genau das, was Ihnen fast die gesamte Brokerindustrie unentwegt empfiehlt. Grund genug, skeptisch zu sein.

Das Problem ist doch: für die meisten Trader funktioniert Trendfollowing nicht. Nun könnte man mir den Vorwurf machen, dass, wenn ich versuche Tiefs und Hochs zu traden, dies einem puren Raten gleichkommt. Denn wer weiß schon, wo das Hoch oder das Tief des Tages oder der Woche sein wird? Niemand.

Das mag stimmen. Aber deswegen auf Trendfolgen umzusatteln ist für mich genauso „raten". Denn die Annahme, dass der Markt in die aktuelle Trendrichtung weitergehen wird, ist genauso nur eine Vermutung. Woher soll ich das wissen?

Für mich handeln die Trader, die dem Trend folgen wollen unterschwellig sogar aus Angst heraus. Sie wollen sich „sicher" fühlen in der Herde, denn die Herde folgt dem Trend. Es ist immer sicherer oder es fühlt sich sicherer an, wenn sie mit der Masse gehen, also mit dem Trend. Aber weil die Masse den sicheren Weg geht und also aus Angst handelt, nicht aufzufallen, sind die Ergebnisse dieses Weges in der Regel auch mittelmäßig.

Das Beste, was Sie erwarten dürfen, wenn Sie diesen Weg gehen, sind mäßige Profite. Deswegen behaupte ich, dass, wenn Sie zu den Gewinnern an der Börse gehören wollen, werden Sie Ihrer Angst tief in die Augen blicken müssen. Sie werden lernen müssen, einen einsamen Weg zu gehen und Sie werden sicher lernen müssen gegen die Masse zu handeln.

Deswegen bin ich ein *Contrarian*, also ein Trader, der *gegen* den Trend handelt. Ich bin ein Trader, der Long geht, wenn alle Welt Short ist und umgekehrt. Das ist unbequem und sicher nicht jedermanns Sache. Deswegen ist es auch wichtig zu verstehen, weshalb meine Countertrend-Methode funktionieren kann. Das möchte ich im nächsten Kapitel versuchen zu erklären.

betreten. Denn dann wäre jeder Preis, den die Charts anzeigen, ein rationaler Preis und durch die sogenannten Fundamentaldaten begründet. Und dann hätte die Markteffizienzhypothese gesiegt. Die Markteffizienzhypothese besagt, dass die Preise, die in einem Markt erzielt werden, sämtliche Informationen reflektieren, die in diesem Markt verfügbar sind. Dass dem nicht so ist weiß jeder, der nur über ein bisschen Trading-Erfahrung verfügt.

Die Frage lautet aber nicht: wie *bezwingt* man dieses irrationale Wesen Börse. Das ist dasjenige was die Ingenieure der Börse versuchen. Sie designen Strategien auf Grund von gründlichen Backtests, die ihnen ihre Computerprogramme ausspucken. Daran ist nichts verkehrt. Ich habe ja selber welche entwickelt und auch ein nettes Büchlein darüber geschrieben. Ich kenne diese Art des Denkens also gut und respektiere die Börsianer, die diesen Weg gehen.

Dieses Buch schreibe ich aber für die Trader, die eher geneigt sind, auf ihre Instinkte zu hören. Wenn Sie lernen auf ihren Bauch zu hören, kann dies an der Börse genauso funktionieren wie die ganze Sache zu berechnen und dann von einem Computerprogramm ausführen zu lassen. Ich bitte jetzt, dass die Herren und Damen Ingenieure den Raum verlassen. Bleiben können diejenigen Akteure, die ich die *Crazy Traders* nenne. Das sind Trader, die bereit sind Dinge zu tun, die die Masse der Trader nie zu tun wagt. Mit anderen Worten: ab nun geht es darum, über die Trades zu sprechen, bei denen Sie es richtig mit der Angst zu tun bekommen. Denn wie der römische Dichter Plautus schon sagte: *Abducet praedam, qui occurit prior.*

(Die Beute kann wegtragen, wer sich als Erster auf sie stürzen wird.)

bedeutendes Signal geliefert haben. In der Regel sind dann schon einige Stunden vergangen. Wenn er dann seinen Bericht in den Mailverteiler schreibt und schließlich auf „senden" schickt, dann sind schon etliche Stunden vergangen, bevor Sie die Mail bekommen. Je nach Größe des Signaldienstes beginnen die Leser zu kaufen und irgendwann vielleicht auch Sie. Unnötig zu sagen, dass Sie hier nicht gerade am Anfang der Nahrungskette stehen.

Der Leser wird es vielleicht schon raten. Wenn Sie immer auf eine Bestätigung warten, ist die Karawane meist schon längst weitergezogen. Wenn Sie dann noch einsteigen wollen, bekommen Sie in der Regel einen viel schlechteren Preis, als wenn Sie zum Beispiel gekauft hätten, wenn der Markt komplett unten war. Das ist doch eigentlich selbstredend, sollte man meinen. Der alte Börsenfuchs Andre Kostolany hat es treffend zusammengefasst: Man muss kaufen, wenn in den Straßen Blut fließt. Eigentlich ist dieser Spruch der Ausdruck des gesunden Menschenverstandes selbst. Die Frage ist nur: warum tun wir uns als Trader so schwer, diese Börsenweisheit in die Praxis umzusetzen? Und warum haben so viele Angst zu kaufen, wenn das Blut auf den Straßen fließt? Und warum verspüren so viele Angst, Short zu gehen, wenn alle Welt Long ist?

Die Behauptung, die ich daher in diesem Buch aufstelle ist einfach, aber sehr direkt: <u>wenn Ihnen eine Trading-Position keine Angst macht, dann ist sie es vermutlich nicht wert, genommen zu werden.</u>

Anders formuliert: *trade nur, wenn du Angst hast.*

Manchem Trader mag mein Ansatz als selbstverständlich vorkommen. Er ist es aber nicht. Sie würden sich wundern, wie viele Trader an Stellen im Chart kaufen oder verkaufen, die belanglos sind. Darum sage ich: Trade erst, wenn du Angst verspürst.

Nicht-Börsianern könnte eine solche Behauptung absurd vorkommen. Wie kann man nur Geld riskieren auf Grund von Angst! Aber genau darum geht es. Wer nur ein bisschen Erfahrung an der Börse hat, weiß, dass es hier eben nicht rational zugeht, wie es die Herren Ökonomen und Analysten gerne hätten. An der Börse geht es eben oft ganz verrückt zu. Fast täglich gibt es Übertreibungen oder Untertreibungen. Und das ist doch genau das, womit echte Trader ihr Geld verdienen.

Wäre die Börse ein rationales Wesen (wie es die Ingenieure der Börse, wie ich sie nenne, gerne hätten) dann gäbe es auch keinen Grund, sie zu

Angst. Wenn der ganze Markt Long ist, und du hast eine Short-Position, dann spürst du richtig, dass du lebst.

Umgekehrt ist es genauso. Wenn der Markt auf Grund irgendeines Ereignisses den ganzen Tag gefallen ist und jeder ist Short, dann können Sie davon ausgehen, dass ich Long bin. Und auch diese Position macht Angst. *Ich gegen den Rest der Welt.* Darum soll es in diesem Buch gehen: **Ich gegen den Rest der Welt.**

Ich würde über diese Snap-Back-Trades nicht sprechen, wenn ich nicht der Überzeugung wäre, dass hinter dieser Methode eine robuste Trading-Strategie steckte. Sonst wäre das, was ich hier mitteile, wertlos. Ich möchte hiermit auch nochmal klarstellen, dass diese Methode nicht meine Erfindung ist, sondern schon immer von gewieften Tradern weltweit angewendet wurde. Vielleicht haben Sie davon noch nicht gehört, weil diese Leute nicht viel Aufhebens über ihr Geschäft machen. Diese Börsenfüchse haben das Einnehmen von Gegenpositionen bei extremen Bewegungen so verinnerlicht, dass sie gar nicht mehr darüber nachdenken müssen. Sie gehen genau dann Short, wenn die Masse der Trader nicht im Traum daran denkt Short zu gehen, wenn Sie überhaupt Short gehen (es ist bekannt, dass nur 1 % der Anleger überhaupt Short gehen).

Die meisten Menschen brauchen eben „eine Bestätigung", dass sich der Markt gedreht hat und dass man jetzt in die andere Richtung traden soll. Oder manche sagen, sie brauchen „ein Signal", dass man jetzt Long oder Short gehen soll. Es gibt eine ganze Börsen-Industrie, die davon lebt, unerfahrenen Tradern solche „Signale" zu liefern. Unnötig zu sagen, dass, wenn Sie vorhaben, einen solchen „Signaldienst" zu abonnieren, Sie auf längerer Sicht verlieren werden. Glauben Sie es mir, ich habe es in meinen Anfängen selber mehrfach versucht und bin immer wieder auf die Nase gefallen.

Warum? Weil, wenn das „Signal" kommt, ist die Chance meist schon weg. Diese Signale kommen in der Regel zu spät. Überlegen Sie doch mal: zuerst muss der Analyst das Signal auf dem Chart erkennen. Das geschieht in der Regel, wenn seine Indikatoren ihm ein solches liefern. Das ist meistens dann, wenn der Markt bereits gedreht hat und ein Stück in die andere Richtung gelaufen ist. Dann setzt sich der Analyst (der im Übrigen seine Signale nicht selber handelt, das überlässt er gefälligst den Lesern seines Signalbriefes) an den Computer und beginnt, einen aufregenden Bericht zu schreiben, dass seine Indikatoren ihm ein geschickte Snap-Back-Trader hier ordentliche Gewinne einstreichen können. Sie müssen allerdings vorsichtig sein, denn es kann sein, dass sie mit ihrem Timing falsch liegen und die Aktie weiter steigt. Wenn in dem Fall der Snap-Back-Trader nicht schnell eindeckt, kann der Schuss nach hinten losgehen.

Nebenbei bemerkt hat es bei diesem Hypen von Aktien immer wieder Betrüger gegeben (nicht selten die Herausgeber dieser Pennystock-Börsenbriefe), die sich schon vorher mit den Aktien eingedeckt hatten, die sie später in ihrem Börsenbrief empfohlen haben. Wenn dann ihre „Leser" zu kaufen beginnen, stehen sie plötzlich auf der Verkäuferseite. Sie profitieren also zwei Mal, nein drei Mal. Erst verdienen sie Geld mit den Abonnements ihrer Börsenbriefe (ein einträgliches Geschäft!). Dann machen Sie Geld, wenn die Aktie zu steigen beginnt. Und schließlich verdienen sie nicht selten, wenn das Kartenhaus wieder zusammenfällt, indem sie Short-Positionen aufbauen. Diese Leute traden tatsächlich gegen die eigenen Leser ihrer Börsenbriefe. Meist geschieht dies über irgendwelche Strohmänner.

Unnötig zu sagen, dass diese Praxis illegal ist. Es hat in der Vergangenheit spektakuläre Verurteilungen gegeben. Und obwohl jeder weiß, dass die Börsenaufsicht dahinter kommen kann, gibt es erstaunlicherweise immer wieder Individuen, die es versuchen. Wenn Sie wissen wollen wie es genau funktioniert und dabei auch noch eine Menge Spaß haben wollen, brauchen Sie nur den Film „The Wolf of Wall Street" mit Lionardo Di Caprio anzuschauen. Da wird diese Praxis anschaulich gezeigt. Allerdings spielt der Film in den achtziger Jahren, wo die „Dummen", also die Leser von Börsenbriefen, am Telefon geködert wurden. Heute geschieht es natürlich über Email. Aber das Prinzip ist immer gleich geblieben.

In diesem Buch sollte es aber nicht über das Traden von Pennystocks gehen und schon gar nicht über illegale Geschäfte. Vielmehr möchte ich dem Leser einen Weg zeigen, wie er ebenfalls von extremen Bewegungen profitieren kann, vorausgesetzt er überwindet seine Angst, das Gegenteil zu tun von dem, was die Masse der Anleger gerade macht.

Rennt zum Beispiel ein Markt sieben Stunden lang gegen Norden, und es gibt erste Anzeichen dass den Käufern die Puste (sprich: das Geld) ausgeht, dann können Sie sicher sein, dass ich auf der anderen Seite stehe. Ich bin Short. Und das macht Angst. Manchmal ein wenig Angst, manchmal richtig Angst. Ich bin da keine Ausnahme. Auch ich habe dachten, dass die Gesetze der Schwerkraft aufgehoben waren. Jeder erfahrene Börsenfuchs weiß, dass es nur eine Frage der Zeit ist, bis das Kartenhaus zusammenfällt. So war es am Neuen Markt. So war es auch bei den Krypto-Währungen, und so wird es immer sein, wo sich ein Markt nach oben schraubt, als würden die Gesetze Newtons auf einmal nicht mehr gelten. Das soll das Thema dieses Buches sein. Ich möchte Marktsituationen erkunden, die gerade danach schreien, dass das Gummiband zurückschnappt.

Wer meine Scalping-Bücher kennt, wird das Setup wiedererkennen. Ich gehöre zu den Tradern, die von vornherein darauf verzichten, größere Bewegungen an der Börse vorherzusagen (eine Spezialität vieler Analysten). Ich kann solche Bewegungen nicht vorhersagen, so gern ich es möchte, also versuche ich es schon gar nicht. Was ich sehr wohl erwarten kann ist, dass nach einer extremen Bewegung meist mit einer Gegenbewegung, einer Korrektur, zu rechnen ist. Auf diese Logik baut meine Methode auf.

Es hat an der Börse immer Trader gegeben, die die Snap-Back-Methode angewendet haben, oder eine Variante davon. So gibt es zum Beispiel Trader, die sich auf das Traden von extremen Bewegungen in kleineren Aktien oder in sogenannten Pennystocks spezialisiert haben. Gerade das Shorten von sogenannten „gehypten" Pennystocks gehört zu dieser Spezialisierung.

Börsenbriefschreiber empfehlen gerne bestimmte Pennystocks zum Kauf. Die Leser des Börsenbriefes lassen sich von der Story dieser Mini-Unternehmen überzeugen und kaufen dann die Aktien, die an der Börse in der Regel nur ein paar Cent kosten. Deswegen heißen sie auch Pennystocks. Natürlich wird es schnell eng in einem solchen Markt und bald kaufen die Leser das Orderbuch dieser Aktie komplett auf. Die Folge ist: die Aktie beginnt massiv zu steigen. Kurssteigerungen von 100 oder 200 % innerhalb von zwei, drei Tagen sind da keine Seltenheit. Eine solche Übertreibung ruft zwangsläufig Snap-Back-Trader auf den Plan, die darauf spezialisiert sind, solche Aktien zu shorten. Sie versuchen dann, Short-Positionen aufzubauen in dem Augenblick, in dem das Momentum in der Aktie zu Ende geht. Alle haben gekauft und sitzen auf Gewinnen. Die ersten fangen an, Ihre Gewinne mitzunehmen, wodurch die Aktie unter Druck kommt. Wenn dann die Leerverkäufer dazustoßen, kommt das Papier richtig unter Druck. Nicht selten stürzt es richtig ab, oft sogar noch tiefer als bis da wo es einige Tage zuvor stand, als die Aktie von dem Börsenbrief empfohlen wurde. Unnötig zu sagen, dass

Es gibt aber durchaus Alternativen für volatilitätsarme Zeiten. Eine von diesen ist bekannt als die **Snap-Back-Strategie**. Worum geht es? Jeder weiß, dass, wenn man ein Gummiband überdehnt, dieses früher oder später zurückschnappen wird. Und je kräftiger Sie das Band überdehnen, desto kräftiger fällt die Gegenreaktion aus. Dieses Prinzip gilt auch an der Börse. Deswegen spricht man von „Snap-back", also Zurückschnappen, nachdem sich eine Bewegung auf übertriebene Weise überdehnt hat.

Diese Methode geht von der Annahme aus, dass, wenn ein Markt eine extreme Bewegung in eine Richtung macht, man von einer Gegenreaktion ausgehen kann. Wenn zwar die vorangehende Bewegung nicht antizipiert werden konnte, so kann man doch mit einer hohen Wahrscheinlichkeit von einer Gegenbewegung ausgehen. Auf diese Wahrscheinlichkeit setzt der Snap-back-Trader. Er versucht gar nicht zu raten, ob ein Markt eine große Bewegung nach oben oder nach unten vollziehen wird. Er wartet geduldig ab. Nimmt er eine solche Bewegung wahr, positioniert er sich in die Gegenrichtung, sobald die vorangehende Bewegung ins Stottern kommt oder Schwäche zeigt.

Bild 1: Bitcoin, Wochenchart 2016 – 2018

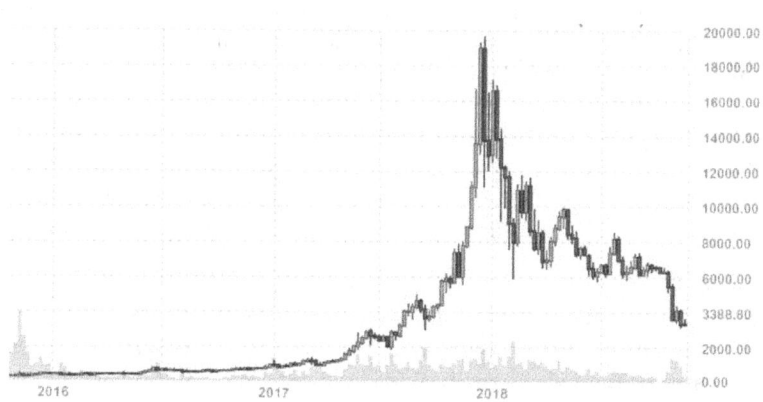

Auf Bild 1 sehen Sie das Beispiel eines Marktes, der sich weit überdehnt hatte. Er stürzte regelrecht ab, nachdem er zuvor wie eine Rakete nach oben geschossen war, als gäbe es keine Grenzen mehr. Zumindest dachten dies die optimistischen Kryptotrader, die von noch weit höheren Kursen träumten.

Dieser Chart erinnert mich an die Zeiten des Neuen Marktes. Damals tauchten ebenfalls wie aus dem Nichts tausende neue „Trader" auf, die

Teil 1: Die Snap-Back-Trading-Strategie

Kapitel 1: Trade wenn die Masse Angst hat

"I believe the very best money is made at the market turns. Everyone says you get killed trying to pick tops and bottoms, and you make all your money by playing the trend in the middle. Well, for twelve years, I have been missing the meat in the middle, but I have made a lot of money at tops and bottoms."

Paul Tudor Jones

Wer an die Börse geht, sollte furchtlos sein. Ich sage nicht gefühllos, ich sage furchtlos. Wer gewinnen will an der Börse muss bereit sein, Trades zu nehmen, die sonst fast keiner zu nehmen wagt. Das war schon immer so. Wenn Sie das Gleiche tun, wie die Masse, bekommen Sie auch nur das, was die Masse bekommt: nämlich fast gar nichts.

Deswegen, wenn Sie schon so etwas Verrücktes tun wollen wie traden, dann sollte es sich auch lohnen. Wer meine Scalping-Bücher kennt weiß, dass ich ein Countertrend-Trader bin. Das heißt: ich warte, bis sich ein Trend erschöpft und nehme dann die Gegenposition ein. Es schien mir einfach logisch, zu versuchen, die Wendepunkte zu traden, von denen Paul Tudor Jones in dem Zitat spricht.

Dieses Setup hat viele Scalper überzeugt. Allerdings haben viele, so wie auch ich, in den vergangenen Jahren feststellen müssen, dass es nicht immer leicht war, Märkte zu finden, in denen man gut scalpen konnte. Die Methode funktioniert am besten in Bärenmarkten. In einer solchen Zeit habe ich sie auch entwickelt.

Befinden wir uns aber in einem langanhaltenden Bullenmarkt, wie es seit 2009 der Fall ist (Stand November 2018), trocknet die Volatilität immer weiter aus. Es wird also immer schwerer, einen Markt zu finden, in dem man gut nach dieser Methode scalpen kann. Deswegen sind auch viele Scalper dazu übergegangen, klassische Daytrading-Methoden zu traden. Sie handeln dann eben auf einem 5-Minuten oder gar 15-Minuten-Chart. Andere sind dazu übergegangen, meine Methode auf höheren Timeframes anzuwenden. Natürlich funktioniert sie auch dort, weil sie eben auf dem universellen Prinzip an der Börse beruht: die besten Chancen befinden sich an den Wendepunkten.

hörte, was er machte, lud ich ihn zu einem Essen ein, was er gern annahm. Er war ein freundlicher aber diskreter Mann, der nicht viel Aufhebens über seine Tätigkeit machte. Er schaute mich überrascht an, als ich ihn bat, ob er mir seine Trading-Strategie erklären könnte. Ich wäre der erste in seiner 30-jährigen Karriere, der sich dafür interessierte, sagte er. Wie kann das sein, fragte ich? Alle anderen wollen ihm entweder etwas verkaufen oder ihm Ihre Meinung über die Märkte verkünden. Kein Mensch war daran interessiert, was er machte. Ich war offenbar der erste, der ihn nach seiner Methode gefragt hatte.

Ich bin dann über vier Stunden in einem Berliner Restaurant mit diesem Trader zusammen gesessen. Er konnte es kaum fassen, dass ich ihm einfach zugehört habe. Ab und zu habe ich ihn zur Klärung eine kleine Frage gestellt, die er mir gerne beantwortet hat. Sie werden über diese Person im Internet oder sonst wo nichts finden. Weder hat er eine Website, noch braucht er "Werbung" um Kunden zu finden. Im Gegenteil. Da er schon etwas älter ist, denkt er langsam ans Aufhören und er macht sich eher Sorgen, wie er seine Kunden loswerden könnte. In seinem Fall ist das gar nicht so leicht. Er kennt sie alle persönlich und mit manchen ist er sogar richtig befreundet. Er macht sich auch die Mühe, einmal jährlich mit jedem Einzelnen von ihnen zusammenzusitzen, um das Depot und seine finanziellen Ziele zu besprechen. Er hatte dutzende Kunden und einige sind bereits seit Jahrzehnten bei ihm. Zwei von Ihnen gehörten zu seinen ersten Kunden und sind ihm all die Jahrzehnte treu geblieben.

Dieser Trader macht eine jährliche Rendite von 10 bis 15 %. Es gab kaum oder keine Verlustjahre. Kein Wunder, dass seine Kunden zufrieden waren. Deswegen braucht er auch kein "Marketing". Bei diesem Menschen läuft alles über Mund zu Mund Propaganda. Und er hat mehr Kunden als ihm lieb ist. Bei all dem bleibt er außergewöhnlich bescheiden.

Natürlich sind die Depots unterschiedlich groß. Einsteiger haben vielleicht 50.000 oder 70.000 $ bei ihm. Andere sind mit größeren Summen eingestiegen. Aber es gibt auch etliche Konten, die mehrere Millionen $ schwer sind, weil sie im Laufe der Jahre so stark gewachsen sind. Dieser Trader hat im Laufe seiner Karriere mehrere Millionäre gemacht. Einige haben dann tatsächlich ihr Depot bei ihm aufgelöst und leben seitdem als Privatiers von ihrem gut gefüllten Rentnerkonto.

Diese Person ist für mich das beste Beispiel für das, was jemand auf längere Sicht erreichen kann, wenn er konsequent und unbeirrt eine bestimmte Methode anwendet.

Nun, nach den Maßstäben der meisten Hedgefonds oder gar nach den Maßstäben von Wallstreet ist dieser Trader vielleicht nur eine kleine Nummer. Aber irren Sie sich nicht. Wenn er nur ein eher bescheidenes „Kapital" verwaltet, heißt das noch lange nicht, dass er am Hungertuch nagen muss. Im Gegenteil. Da er sein Einkommen durch einen Gewinnanteil bestreitet, hat er außergewöhnlich hohe Einkünfte, Geld, das ihm seine Kunden nur zu gerne geben.

Und das Erstaunliche ist: um diese Tätigkeit auszuüben braucht er weder eine besondere Konstruktion oder irgendein legales Konstrukt. Hast du denn für deine Tätigkeit keine Firma gegründet, wollte ich wissen? Er schüttelte den Kopf. Mit einer Firma hätte er noch mehr Arbeit. Er bräuchte seine Zeit für seine Kunden, deren Depots er individuell überwacht. Jeden Morgen setzte er sich einige Stunden hin, öffnete das Depot einer seiner Kunden und schaut, ob er etwas ändern muss. Er macht sich tatsächlich Gedanken über jedes einzelne Depot seiner Kunden. Jeder hat seine eigenen finanziellen Ziele, sagte er mir, das muss ich berücksichtigen.

Weil er sich täglich mit einem Depot beschäftigt, ist er meist nach einem Monat mit allen Kunden fertig. Wenn der Monat um ist, fängt er wieder von vorne an mit dem ersten Kunden. Bei dem jährlichen Treffen mit jedem einzelnen macht er sich immer Notizen. Er kennt nicht nur die finanziellen Wünsche oder Ziele eines jeden Kunden genau. Er weiß auch bestens Bescheid über die Situation in der Familie. Er weiß ob jemand gestorben ist oder ob es ein neues Enkelkind gibt. Er weiß ob jemand erkrankt ist oder sich auf dem Weg der Genesung befindet. Kurz, dieser Trader kennt seine Kunden und macht sich über jeden Einzelnen Gedanken.

Jetzt fragen Sie sich bestimmt welche besondere Strategie dieser Trader hat. Sie ist denkbar einfach. Dieser Trader handelt hauptsächlich mit ETFs. Er handelt keine einzelnen Aktien, aber er beobachtet einen Korb von internationalen Märkten und Sektoren. Er könnte zum Beispiel Positionen aufbauen in ETFs, die den Telekommunikationssektor abbilden, oder einen ETF auf die amerikanischen Versorger oder Ölproduzenten kaufen. Er ist auch sehr international orientiert. Sieht er eine Chance in der Türkei, weil dort die Aktien stark gefallen sind, dann kauft er eben einen ETF auf den türkischen Aktienmarkt.

Seine Strategie? Er kauft, wenn ein Markt 20 % gefallen ist. Punkt.

Das ist die ganze Strategie.

Wie, sagte ich? Das ist alles?

Er schaute mich mit einem verwunderten Blick an. Ja, sagte er ruhig. Das ist alles. Er konnte nicht nachvollziehen, dass ich nicht richtig verstand, was er meinte.

Aber, sagte ich, was machst du, wenn der Markt weitere 20 % fällt? Nun, sagte er, dann kaufe ich eben wieder. Ich kaufe, wenn der Markt 20 % fällt. Aber das ist „Verbilligen", sagte ich. Sicher ist es das, sagte er, und er schaute mich wieder verwundert an. Ich hatte das Verbilligen oder Cost-Averaging für eine der größten Trader-Sünden überhaupt gehalten. Er schaute mich an, als verstünde er nicht recht womit ich ein Problem hatte. *Er* hatte damit kein Problem. Es war seine Methode. Man kauft einen Markt eben, wenn er billig ist. Es war ihm egal, ob er zwei Monate oder fünf Jahre warten musste, bis die Position in den Gewinn lief. Er hatte diese Geduld und seine Kunden auch. Fällt der Markt noch mal 20%, prima, dann kauft er eben nochmal.

Da er ohne Hebel arbeitet, kann er Verlustpositionen locker aussitzen. Er betrachtet Verlustpositionen auch nicht als solche. Er sagte lediglich: ich habe eine Position. Er weiß, dass die Zeit für ihn spielt.

Und offenbar funktioniert es für ihn. Da er keine Aktien sondern nur Märkte handelt, kann seine Position auch nie auf null gehen. Egal, wie schlecht es in einem Sektor läuft, irgendwann ist jeder Bärenmarkt mal zu Ende, und dann zahlt sich sein Mut aus. Er betrachtete das als ganz normal und er hat die Zeit, auf diesen Augenblick zu warten.

Ich habe selten eine bescheidenere und gelassenere Person wie diesen Trader erlebt. Er hat keine übermäßigen Renditeerwartungen. Wenn es in einem bestimmten Jahr "nur" 5 % sind, macht ihn das nicht unglücklich. Dieser Trader hat den Crash von 1987 im SP500 überlebt. Er hat das Platzen der Dotcomblase überlebt und die Finanzkrise von 2008. Er ist mit allen Bullenmärkten und Bärenmärkten seit den achtziger Jahren mitgegangen und hat die Depots seiner Kunden durch diese Ups und Downs gelotst. Und er hat in aller Ruhe gekauft, wenn der Markt 20% gefallen war.

Warum erzähle ich Ihnen diese Geschichte? Zunächst natürlich, weil ich diesen Trader bewundere für das, was er geleistet hat und heute immer noch leistet (er möchte anonym bleiben). Ich erzähle sie Ihnen, weil ich in diesen 4 Stunden in dem Berliner Restaurant mehr gelernt habe, als in vielen Jahren Handel an der Börse. Dieser Trader bricht mit fast allen Regeln, die das konventionelle Trader-Wissen uns weiszumachen versucht und ist damit sehr erfolgreich.

Er benutzt zum Beispiel keine Stops. Er schaute mich wieder mit diesem eigentümlichen Blick von ihm an, als ich das Thema ansprach. Ich war mir in dem Augenblick nicht ganz sicher, ob er den Begriff „Stop" überhaupt kannte... Für ihn war "eine Position haben" in etwa das Gleiche wie "eine Überzeugung haben". Das war natürlich eine weitere Regel, die er brach, denn die ganze Trading-Literatur ist voll davon, dass man eben keine Überzeugung haben sollte. Am besten auch keine Meinung. Dieser Trader war genau das Gegenteil davon. „Ich denke, die Türkei wird sich von dieser Krise erholen, und die Aktien werden wieder steigen", sagte er, als ich ihn danach fragte, weshalb er gerade einen ETF auf türkische Aktien gekauft hatte.

Wenn er also türkische Aktien kaufte, dann war das auf Grund einer klaren Meinung, die er über den türkischen Aktienmarkt hatte. War er der Überzeugung, dass ein Markt auf Grund einer Korrektur oder eines unvorhergesehen Ereignisses unterbewertet war, dann war er interessiert, eine Position in diesem Markt aufzubauen. Und es war ihm egal, ob dieser Markt, nachdem er eine erste Position aufgebaut hatte, weiter fiel. Umso besser, sagte er. Dann bekomme ich sie eben zu noch günstigeren Preisen.

Und damit verstieß er gegen eine weitere "goldene Regel" der konventionellen Trading-Industrie: niemals verbilligen. Diese Regel ist wohl eine der heiligsten Kühe, die diese Industrie erfunden hat. Diese Regel geht von einer merkwürdigen Annahme aus, nämlich dass ein Trader mit seiner ersten Position immer richtig liegen muss. Wenn nicht, sorgt der Stop dafür, dass er seine Verluste begrenzt. Weil das bekanntermaßen recht häufig passiert, muss er eben mehrere Versuche unternehmen. Das passt der Broker-Industrie natürlich bestens. Mehr Trades (auch eine Stop-Order verursacht Kommissionen) heißt natürlich mehr Umsatz für den Broker. Man sollte also schon ein bisschen aufpassen wessen Literatur man liest.

Dieser Trader war aber kein guter Kunde seines Brokers. Wenn er kaufte, war es ihm egal, ob die Position eine Woche oder fünf Jahre im Depot war. Mit so einem lässt sich kein Blumentopf gewinnen. Er dachte einfach zu viel an das Wohl seiner Kunden und viel zu wenig an den Umsatz seines Brokers.

Er war auch noch nie auf einer Brokermesse oder bei einer Konferenz von Hedgefondsmanagern zugegen, obwohl er, zumindest technisch gesprochen, selber einen führt, und zwar sehr erfolgreich. Nach New York geht er nur, wenn er von dort aus gelegentlich einen Flug nach Europa nehmen will. Er liebt es, wochenlang in Städten wie Rom, Paris oder Prag zu verbringen und schaut sich sämtliche Museen oder Sehenswürdigkeiten an.

New York und Wallstreet interessieren ihn überhaupt nicht. Er trifft sich lieber mit einem seiner Kunden, erkundigt sich nach seinen Kindern oder Enkeln und weiß genau, wem es gutgeht oder wer gerade mit gesundheitlichen Problemen zu kämpfen hat. Er schielt überhaupt nicht nach ihrem Geld, denn davon hat er genug. Im Gegenteil. Er vertraute mir an, dass es ihm lieber wäre, wenn der ein oder andere sein Depot schließen würde. Denn dann konnte er mehr Zeit in Europa verbringen. Ja, dieser Trader verwaltet seinen „Fonds" unterwegs mit einem einfachen Laptop.

Er hat genug zu tun und wäre gar nicht auf die Idee gekommen, sich mit der ganzen Börsen-Industrie oder mit „Wallstreet" einzulassen, wie es die Amerikaner nennen. Wenn er zuhause ist, lebt er in einer mittleren Stadt in einem mittleren amerikanischen Bundesstaat. Er ist eine ganz und gar einzigartige Person, die ihr eigenes Ding macht und sich um irgendwelche Regeln nicht schert. Er ist für mich die Personifikation des amerikanischen Traums. Aber es ist nicht der Traum von einem, der sich auf Kosten von anderen bereichert. Er hat sich seine Freiheit und sein Geld durch konsequente und ehrliche Arbeit erarbeitet. Er verspricht dir nicht das Blaue vom Himmel. Er erklärt jedem Anleger, der sich für ihn interessiert, was er zu erwarten hat: eine gediegene Rendite mit einer Strategie, die auf lange Sicht angelegt ist. Und ehrlich, das ist genau das, was die meisten Menschen, die nicht traden, interessiert. Denken Sie mal darüber nach.

Auf den ersten Blick hat diese Geschichte nicht viel mit der hier vorgestellten Strategie zu tun, denn sie ist im Gegensatz zur Methode meines Freundes kurzfristig, sogar sehr kurzfristig angelegt. Die Snap-Back-Strategie arbeitet sehr wohl mit Stops, denn alles andere wäre reines Harakiri, wenn Sie vorhaben mit gehebelten Produkten zu traden. Ich erzähle Ihnen diese Geschichte deswegen, weil ich mir im Grunde wünsche, dass etwas von der Gelassenheit dieses amerikanischen Traders auf Sie abfärbt, denn sie werden sie brauchen.

Sollten Sie vorhaben, die Snap-Back Methode auszuprobieren oder egal welche Strategie, dann werden Sie bald erleben, dass die wichtigste Eigenschaft, die Sie brauchen werden eben Gelassenheit ist. Dieser Trader hatte sie. Er hatte auch keine Angst. Wenn eine Aktie oder ein Markt 20 % fällt, haben die meisten Anleger Angst. Das ist eine ungewohnte Situation. Solange Märkte ein oder zwei % auf und abgehen scheint die Welt in Ordnung zu sein. Stürzt ein Markt aber 20 % oder noch mehr ab, dann haben alle Angst, weil es könnte noch schlimmer kommen. Das tut es manchmal auch. Aber dieser amerikanische Trader hatte keine Angst. Seine ganze Methode beruhte genau darauf zu warten bis ein solches Ereignis eintrat. Dann schlug er zu. Und er machte es mit Methode, ruhig und gelassen.

Sie werden sich vielleicht nun fragen, wie sie eine solche Gelassenheit aufbringen können. Denn Traden mit gehebelten Produkten hat ja immer etwas Aufregendes an sich. Das ist sicher so. Aber je länger Sie traden, desto mehr werden Sie sich nach dieser Gelassenheit sehnen. Sie werden irgendwann den Wunsch verspüren, wieder ruhig schlafen zu können und nicht ständig an ihre Positionen denken zu müssen, die Sie gerade im Markt haben. Und das können Sie nur, wenn Sie heute anfangen über die Größe Ihre Positionen nachzudenken. Und genau das wollen wir im nächsten Kapitel tun.

Kapitel 4: Risikomanagement

Wie jeder Trader weiß oder wissen sollte, ist das Risikomanagement eines der wichtigsten um nicht zu sagen das wichtigste Tool in seinem Werkzeugkasten. Der Trader sollte derjenige sein, der das Risiko kontrolliert und nicht irgendein externer Faktor wie "der Markt" oder schlimmer noch, das unterkapitalisierte Konto.

Das letztere ist meiner Erfahrung nach der wichtigste Grund, weshalb Trader scheitern: übergehebelte Positionen. Was meine ich damit? Unerfahrene Trader nehmen Positionen ein (auf Margin, also auf Pump), die im Verhältnis zu ihrem Tradingkapital geradezu lächerlich sind. Ich meine das wirklich ernst. Lächerlich zu groß! Ich weiß dass viele Trader die sogenannte 1 % Regel anwenden. Aber auch diese Regel, finde ich, ist immer noch eine riskante Regel. Wenn Sie pro Trade 1 % Ihres Kapitals riskieren, scheint Ihnen das vielleicht nicht viel zu sein. Wenn Sie einmal verlieren, haben Sie immer noch 99% Ihres Kapitals zur Verfügung (stimmt zwar mathematisch nicht, in Wahrheit haben Sie weniger).

Profis riskieren 0,2 oder 0,3 % und manchmal noch weniger. Der Grund ist einfach: es lässt sich mit dieser Art von Positionen viel entspannter traden. Wenn Sie mal eine schlechtere Periode haben, haut Sie das noch nicht um. Haben Sie eine mindere Periode mit Ihrer 1 % Regel, dann beginnt der Verlust von 10 oder 15 % des Tradingkapitals ziemlich an Ihrem Selbstvertrauen zu nagen. Sie werden unkonzentriert oder schlimmer noch, Sie beginnen größere Risiken einzugehen, damit sie den aufgelaufenen Verlust schnell wieder aufholen. Das ist menschlich, aber es ist der garantierte Weg zum Totalverlust. Glauben Sie mir, ich weiß, wovon ich rede. Ich habe auf diese Weise mehrere Konten an die Wand gefahren. Mehrere!

Tun Sie es mir also nicht nach. Machen Sie es gleich richtig und fangen Sie gleich an, die Positionsgröße, die sie vorhatten zu traden, drastisch zu verkleinern. Halbieren Sie sie oder besser noch traden Sie mit einem Viertel der ursprünglichen Größe. Damit lässt es sich viel entspannter traden und leben. Das gilt insbesondere für die hier vorgestellte Methode. Bei dieser wird es Ihnen hin und wieder vorkommen, dass der Markt viel länger entgegen ihrer Position läuft als Sie erwartet haben. Ja, Märkte können manchmal irrsinnig irrational in eine Richtung laufen, bevor sie korrigieren (siehe Bitcoin und co). Wenn Sie in einer solchen Situation übergehebelt auf der falschen Seite stehen, dann steigt Ihnen schneller der Schweiß auf die Stirn als Sie überhaupt denken können, ein untrügliches Zeichen dafür, dass Sie mit zu großen Positionen unterwegs sind. Besser ist, dafür zu sorgen, dass es erst gar nicht so weit kommt.

Jetzt wird vielleicht mancher Leser einwenden, alles schön und gut lieber Heikin Ashi Trader, aber wenn ich mit solchen Minipositionen trade, dann bringe ich mein Konto kaum voran, geschweige denn, dass ich jemals von meinem Trading leben könnte.

Meine Antwort auf diesen Einwand ist kategorisch und einfach: schlagen Sie sich die Vorstellung aus dem Kopf, jemals von Ihrem lächerlichen 10.000 Euro "Startkapital" als Trader Ihren Lebensunterhalt bestreiten zu können. Es wird Ihnen nicht gelingen.

Ihre Aufgabe besteht zunächst darin, ihre gewählte Trading-Methode zu meistern. Konkret: wenn Sie auf Jahrbasis in der Lage sind, wie mein amerikanischer Trader-Freund, eine Rendite von 15 bis 20 % mit maximalen Drawdowns von unter 10 % zu erwirtschaften, dann sind Sie verdammt gut. Und mit meiner entspannten Kleinpositions-Methode ist das durchaus möglich.

Haben Sie also die Fähigkeit, solche *Starrenditen* mit überschaubaren Risiken zu ertraden, dann wird man Ihnen alles Geld der Welt zur Verfügung stellen. Denn Investoren suchen genau das: eine robuste Jahresrendite mit überschaubarem Risiko. Wie Sie an dieses Geld kommen, habe ich in meinem Buch „Wie starte ich ein Trading Business mit 500 Euro" erklärt.

Vergessen Sie es also, dieses Ziel mit Ihrem mickrigen Kapital von 10.000 Euro (oder gar noch weniger) erreichen zu können. Wenn Sie dieses falsche Ziel erreichen wollen, ist eines sicher: die Profis werden sich diese 10.000 Euro holen und zwar schneller, als Sie es sich überhaupt vorstellen können. Ich weiß, dass die meisten Trader meinen Rat in den Wind schlagen werden (ich habe es auch getan). Aber sagen Sie nicht, ich habe Sie nicht gewarnt.

Und ich habe noch einen Tipp. Nehmen wir an, Sie verfügen über 10.000 Euro Trading-Kapital. Überweisen Sie lediglich 20 % davon, also 2000 Euro, auf Ihr Trading-Konto. Haben Sie nach einiger Zeit 200 oder 500 Euro Gewinn, überweisen Sie dieses Geld auf ein Girokonto, also ein Konto das nicht zum Traden gedacht ist. Belohnen Sie sich selbst. Damit können Sie keineswegs Ihren Lebensunterhalt bestreiten, aber Sie programmieren damit Ihr Unterbewusstsein auf Erfolg. Denken Sie also nicht in Prozenten, sondern in realem Geld. Geld das Sie ausgeben können (ein schönes Essen, ein Kinobesuch mit Ihrer Liebsten oder, wie ich es tue, für teure Zigarren).

Ich sage es nochmals deutlich: wenn Sie vorhaben, mit einer solchen kleinen Summe Ihren Lebensunterhalt zu bestreiten, schlagen Sie es sich aus dem Kopf. Dieses Startkapital, egal wie viel es ist, dient dazu, erstmal ihr Handwerk zu lernen. Sollten Sie dennoch auf die irrsinnige Idee kommen, Ihren Lebensunterhalt vom Traden des eigenen Kontos bestreiten zu wollen, dann sollten Sie mindestens eine halbe Million Euro mitbringen. Mit diesem Kapital können Sie es mit einem konservativen Risikomanagement (nach einer ausreichenden Vorbereitung und Einübung) wagen. Ich empfehle es nicht, nicht solange Sie nicht Ihr Handwerk beherrschen.

Wenn Sie wie die meisten Menschen nicht über dieses Geld verfügen, werden Sie eben Investoren überzeugen müssen, Ihnen das Geld zur Verfügung zu stellen. Und das tun Sie nur, <u>wenn Sie tatsächlich traden können</u>. Das heißt, einen Track Rekord aufgebaut haben, der mindestens ein Jahr alt ist und der die Kriterien erfüllt, die ich vorhin erwähnt habe. Dann machen Sie sich auf den Weg, ein richtiger Profi zu werden, wie mein amerikanischer Traderfreund.

Jeder geht seinen eigenen Weg. Natürlich können Sie versuchen, sich für einen Hedgefonds oder sonst irgendeine Vermögensverwaltung zu qualifizieren. Es ist möglich, aber es ist nicht einfach, ich weiß worüber ich rede, weil ich selber diesen Weg gegangen bin. Oder Sie können die Methode meines amerikanischen Trader-Freundes versuchen. Sie ist mir eigentlich am Sympathischsten. Eine schlanke Struktur mit möglichst wenig Verwaltungsaufwand und einer persönlichen Beziehung zu den Kunden.

Ach, und bezüglich der Verdienstmöglichkeiten eines solchen Modells... Mein Freund verdient locker eine mittlere sechsstellige Summe. Jährlich. Ich kenne Ihre Ambitionen nicht, aber ich könnte davon sehr gut leben.

Ich will nicht ausschließen, dass Sie es trotzdem "aus eigener Kraft" schaffen, aus 5000 oder 10.000 Euro eine Million zu machen. Es gibt Individuen, die sich tatsächlich aus bescheidenen Anfängen hochgehandelt haben. Es gibt sie, aber nicht sehr viele.

Kapitel 5: Wie erkenne ich extreme Bewegungen?

Um eine außergewöhnliche Bewegung zu erkennen ist es wichtig, dass Sie die aktuelle Bewegung im Chart in der richtigen Perspektive sehen. Das bedeutet: schauen Sie nicht nur auf die aktuelle Bewegung, sondern komprimieren Sie den Chart dermaßen, dass Sie die Bewegung im Kontext der vergangenen Tage oder Wochen sehen. Erst dann eröffnet sich eigentlich die Bedeutung des aktuellen Geschehens, und Sie können anfangen einzuschätzen ob das, was aktuell geschieht eine außergewöhnliche Bewegung ist oder nicht.

Bild 2: Gold, Stundenchart

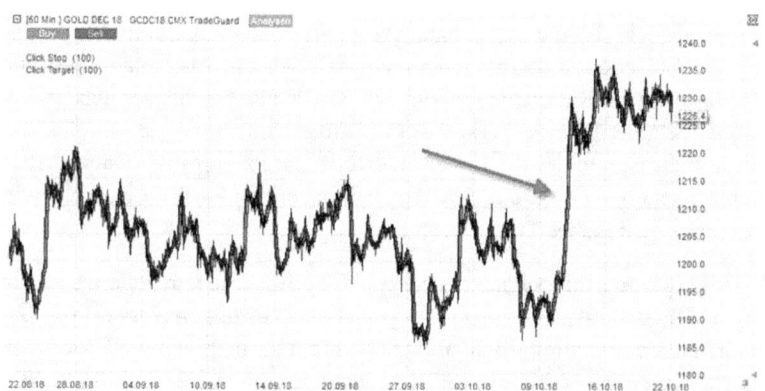

Was mit Komprimieren gemeint ist, lässt sich am besten an diesem Stundenchart im Gold-Future illustrieren. Ich versuche beim Komprimieren so viel Data wie möglich auf dem Chart sichtbar zu machen. Man kann hier deutlich erkennen, dass die Aufwärtsbewegung rechts im Chart (Pfeil) sich deutlich vom übrigen Kursgeschehen in den Wochen davor abhebt. In wenigen Stunden steigt Gold hier stärker als in einem ganzen Monat vorher. Es sind solche Bewegungen, die Ihre Aufmerksamkeit auf sich ziehen sollten.

Als weiteres Beispiel mag eine Aufwärtsbewegung im Bund Future gelten, die mehrere Tage anhielt und die dem Future mehr als 600 Punkte Gewinn bescherte.

Das war zu dem Zeitpunkt eine große Bewegung. Warum weiß ich das? Weil ich die Bewegung in Verhältnis zu dem setze, was vorangegangen war. Betrachten Sie das Kursgeschehen vor der Bewegung und vergleichen Sie es mit dem Aufwärtsschub, der darauf folgte(grüner Pfeil).

Bild 3: Bund Future, 4-Stunden-Chart, Dezember 2017 – Juni 2018

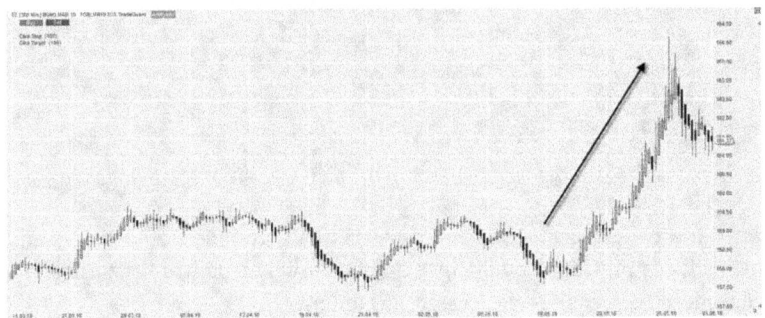

Das Kursgeschehen vor dieser Bewegung war in Vergleich zu diesem Move relativ ruhig. Der Bund bewegte sich mit Ausnahme der Abwärtsbewegung vom 5.-7. März in relativ ruhigen Bahnen. An den meisten Tagen war die Handelsspanne weniger als 70 Punkte. Und dann stieg der Bund innerhalb von wenigen Tagen über 600 Punkte.

Natürlich gibt es meist „Gründe" für eine solche Veränderung im Markt. Aber das sollte uns hier nicht interessieren. Denn wie bereits gesagt: es ist schwierig, um nicht zu sagen unmöglich, solche Ausreißer vorherzusagen oder zu antizipieren. Was meist sehr wohl gesagt werden kann ist, dass solche Extrembewegungen irgendwann korrigiert werden. In diesem Beispiel wurde sie folgerichtig zu mehr als 50 % korrigiert und ein Leerverkäufer konnte hier ordentliche Gewinne erzielen. Im Übrigen kehrte der Bund Future genau wieder dahin zurück, wo vorher sein klassisches „Mean" war, also der Durchschnittspreis der letzten 50 Tage, besser bekannt als 50-Tages-Linie (grüne Linie im Chart).

Bild 4: Bund Future, Tageschart, Februar – August 2018

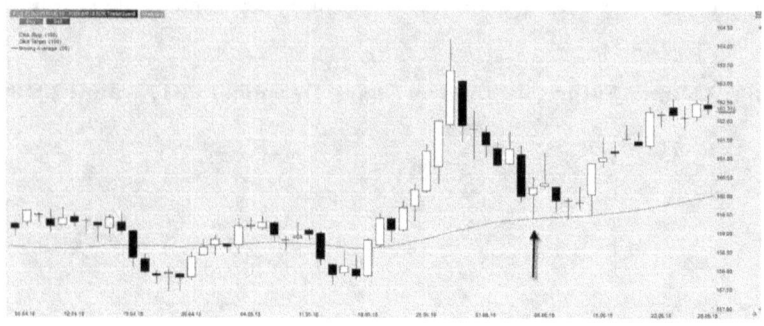

Der Future „entfernte" sich vorübergehend von der 50-Tages-Linie (grüne Linie im Chart) und kehrte dann ziemlich genau zu ihr zurück, als wäre nichts gewesen (schwarzer Pfeil unten).

Das Bild illustriert aber auch, dass es so etwas wie einen statischen Durchschnitt, wie bereits angesprochen, gar nicht gibt. Die grüne Linie, die die 50-Tageslinie wiedergibt geht natürlich mit der allgemeinen Tendenz des Bund Futures mit. Sie wird steigen, wenn der Bund höher notiert und sie wird fallen, sollte der Bund mehrheitlich tiefer notieren. Auf die Thematik, ob man einen Moving Average exponentiell gewichten sollte, gehe ich hier nicht ein. Für unsere Snap-Back-Trading-Strategie, die eine Kurzfriststrategie ist, fällt sie nicht oder kaum ins Gewicht. Ich konnte keine Verbesserung der Ergebnisse feststellen, wenn ich statt den „Simple" Moving Average einen Exponentiellen Moving Average benutzt habe. Es sei dem Einzelnen überlassen, ob er überhaupt die 200-Tageslinie oder einen anderen Indikator bei dieser Strategie verwenden möchte. Die 200-Tages-Linie (im Tageschart!) gibt einem natürlich ein Indiz, was die professionellen Akteure in diesem Markt aktuell für einen „fairen" Preis halten. Aber wie gesagt, auch diese Wahrnehmung ändert sich fortdauernd. Allerdings kann die Linie hilfreich sein, wenn Sie zum Beispiel ein Kursziel bestimmen wollen, sollten Sie auf das Mean-Reversion-Prinzip setzen. In diesem Beispiel hätte es bestens funktioniert. Es sollte dem Leser klar sein, dass dies selbstverständlich nicht immer der Fall ist.

Betrachten wir diese Bewegung im Bund Future nochmal, diesmal im Stundenchart, denn dann fällt noch eine Besonderheit auf.

Bild 5: Bund Future, Stundenchart, Mai – Juni 2018

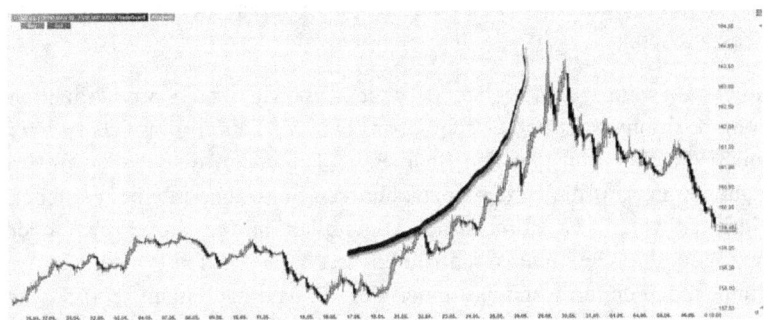

Wenn wir den Bund im Bild 5 genauer betrachten, sehen wir eine typische Marktsituation, die die Aufmerksamkeit eines Snap-Back-Traders auf sich ziehen wird. Irgendwann begann der Markt nach oben auszubrechen. Dies geschah nicht gleich auf explosive Weise, sondern graduell. Die Aufwärtsbewegung begann am 18. Mai 2018. Zunächst schien es noch eine normale Aufwärtsbewegung zu werden, die im Rahmen der üblichen Kursbewegungen der Wochen davor stattfand. Nach dem Wochenende am Montag, den 21. Mai, wurde sie aber fortgesetzt. In den darauffolgenden Tagen gab es zwar immer wieder kleinere Korrekturen, aber spätestens nach einem Tag tauchten die Käufer wieder auf und trieben den Markt auf immer weitere Höhen. Irgendwann schien es, als würde es kein Ende dieser Rally im Bund geben. Am Montag, den 28. Mai, startete der Bund zunächst mit einem Gap nach unten. Dieses wurde aber von den Käufern in wenigen Stunden geschlossen. Anschließend trieben sie den Markt weiter nach oben. Sie schafften mühelos 150 Punkte an diesem Tag, und der Schlusskurs war fast das Tageshoch. Am nächsten Tag, Dienstag dem 29. Mai schließlich, schien es kein Halten mehr zu geben. Die Käufer waren außer Rand und Band. Sie trieben den Bund innerhalb von drei Stunden gute 200 Punkte höher. Wer zu dem Zeitpunkt den Stundenchart des Bund Futures aufgemacht hatte, konnte die fast raketenhafte Bewegung nach oben mitverfolgen.

Wer die Übersicht der vergangenen Wochen behielt, konnte im Chart klar sehen, dass der Bund dabei war, **eine parabolische Bewegung** nach oben zu machen, ähnlich der, die wir vom Bitcoin-Chart kennen. Die Eigenschaft einer solchen Bewegung ist nun gerade, dass sie exponentiell ansteigt. Zunächst verläuft die Bewegung noch in „normalen Bahnen", aber nach und nach steigen die Kurse immer stärker an, bis sie fast vertikal nach oben schießen, wie es am Morgen des 29. Mai der Fall war. Es scheint dann fast, als würden die Kurse durch die Decke gehen.

Nun ist dies meist ein Zeichen, dass die Masse der Trader ausschließlich Long positioniert ist und es scheinbar keine Verkäufer gibt. Das ist aber genau die Situation, die den Snap-Back-Trader auf den Plan ruft. Sie brauchen nur auf die ersten Anzeichen von Schwäche in einem solchen Markt zu warten. Es ist meist der Augenblick, in dem die ersten Trader anfangen, ihre Gewinne zu realisieren. Denn die Art und Weise, wie der Bund in den ersten Handelsstunden des 29. Mai nach oben schoss, war fast nicht mehr „normal" zu nennen, obwohl eine solche Aussage an der Börse immer etwas gefährlich ist. Theoretisch hätte es natürlich noch hunderte Punkte weiter nach oben gehen können. Damit ist immer zu rechnen. Darum ist es auch so wichtig, dass Sie bei dieser Strategie auch wirklich mit harten Stops im Markt arbeiten. Es hat in der Vergangenheit immer Beispiele gegeben, in denen Märkte irrational weiter gelaufen sind, als hätten die beteiligten Akteure jeden Sinn für „vernünftige Kurse" verloren. Schützen Sie sich deswegen gegen eine solche Situation.

Wann sich die extreme Bewegung schließlich abschwächt, ist kaum vorherzusagen, und es ist jederzeit – zumindest kurzfristig – mit weiteren Anstiegen zu rechnen (im Falle einer Aufwärtsbewegung). Diese bilden dann auch die größte Gefahr für die Contrarians, die Short sind. Sie werden in dem Fall von den Bullen „gegrillt", wie die Trader es gerne nennen. Deswegen ist eine aktive Stop-Setzung für jeden Contrarian unabdingbar. Er muss seine Verluste begrenzen, wissend, dass er zu jeder Zeit durch die Wucht des Momentums überrannt werden kann. Schon deshalb ist diese Methode keinem Anfänger zu empfehlen. Sie soll nur von demjenigen Trader in Betracht gezogen werden, der solche Marktsituationen einzuschätzen vermag und der auch eine angemessene Positionsgröße zu wählen imstande ist.

Dennoch kommt „jedem gewieften Fuchs" an den Märkten das Wasser in den Mund, wenn er eine solche parabolische Bewegung im Chart beobachtet. Er weiß aus Erfahrung, dass es nur eine Frage der Zeit ist, wann dieser Trend dreht oder zumindest korrigiert wird. Unnötig zu sagen, dass die Stops greifen müssen, sobald sich der Markt anschickt, weitere Hochs zu bilden. Dies würde dem Contrarian unmissverständlich zeigen, dass er mit seiner Einschätzung falsch lag und dass der

Augenblick gekommen ist, sich mit einem kleinen Verlust aus dem Staub zu machen.

Hiermit ist natürlich gleich deutlich, dass Sie auch mit der Snap-Back-Methode Verluste haben werden. Es kommt, wie bei jeder Strategie, darauf an, dass die Verluste in einem logischen Verhältnis zu den potenziellen Gewinnen stehen. Bekanntlich reduziert sich Trading fast immer auf die einfache Formel: Trefferquote/ durchschnittlicher Gewinn – durchschnittlicher Verlust. Wenn Sie diese Formel verstehen und beherrschen, sind Sie in der Lage ein profitables Trading-Business aufzubauen, egal welche Strategie Sie dafür einzusetzen gedenken.

Kapitel 6: Geduld beim Entry

Wie bereits gesagt, ist es gar nicht so einfach zu bestimmen, wann ein Markt übergekauft ist und somit die Eröffnung einer Shortposition rechtfertigt. Es ist wichtig, das Konzept des Überkauft – Überverkauft immer im Kontext des aktuellen Marktgeschehens zu verstehen. Wenn sich ein Markt zum Beispiel in einem starken Trend befindet, wird dieses Konzept gleich obsolet. Ein stark steigender Markt ist permanent „übergekauft". Deswegen versagen hier auch alle Indikatoren, die sich darauf beziehen. Im Gegenzug sind natürlich Dips oder technische Korrekturen in einem starken Aufwärtstrend zweifellos gute Kaufgelegenheiten. Aber das ist nicht Gegenstand dieses Buches.

Deswegen arbeite ich auch nicht mit Indikatoren, um mein Entry zu bestimmen. Sie helfen mir nicht. <u>Mein Moneymanagement hilft mir</u>. Und dieses ist wie bereits besprochen rigoros konservativ. Muss es auch sein, denn sonst könnte ich mein Ziel nicht erreichen. Halten Sie die Position klein genug, bleibt sie beherrschbar. Und darum geht es. Sie sollten nie die Kontrolle über ihre Position verlieren, egal was passiert. Sollte es aus irgendeinem Grund dennoch mal passieren, sollten Sie sie umgehend schließen oder zumindest verkleinern.

Nichts ist bei dieser Methode im Stein gemeißelt. Natürlich versucht der Snap-Back-Trader die Hochs und die Tiefs zu erwischen. Es gelingt ihm aber trotzdem selten. In aller Regel wird er erleben, dass er „zu früh" eingestiegen ist. In einigen Fällen natürlich auch „zu spät." Sie müssen und sollen also davon ausgehen, <u>dass Ihre Position zunächst ins Minus gehen wird</u>. In manchen Fällen ordentlich. Die übliche Herangehensweise besteht dann darin „die Verluste zu begrenzen" also mit Stops zu arbeiten, die relativ eng am Entry stehen. Kleine Verluste tun nicht weh, heißt es da. Das mag für Scalping-Strategien und für die meisten Daytrading-Strategien gelten.

Die Snap-Back-Methode ist aber weder eine Scalping, noch eine Daytrading und auch keine Swingtrading-Methode. Denn manchmal werden Sie Ihre Gewinne schon nach 20 Minuten realisieren, manchmal erst nach vier Tagen. Und das müssen Sie natürlich aushalten können.

Konventionelles Daytrading setzt in der Regel auf exaktes Timing, was es eigentlich nicht geben kann. Jeder, der es mal versucht hat, weiß es. Sie haben entweder zu früh gekauft (der Markt läuft weiter gegen sie) oder zu spät (der Markt hat schon gedreht und hat schon einen Teil der Korrektur hinter sich).

Wenn Sie die Snap-Back-Methode anwenden, empfehle ich immer, den Chart auf einer höheren Zeitebene zu betrachten. In der Regel schaue ich auf Stundencharts, die ich ordentlich komprimiere, damit ich die Übersicht behalte, was in diesem Markt in den letzten Wochen passiert ist. Wenn Sie eine höhere Perspektive einnehmen, werden Sie schließlich die Lächerlichkeit Ihrer Angst einsehen, wenn Ihre Position zunächst ins Minus läuft. Sie haben gekauft und der Markt ist 50 Punkte weiter gefallen. So what?

Ich hoffe, Sie sehen aber auch spätestens hier ein, weshalb Sie mit kleinen Positionen traden sollten. In der Regel wird die Kraft der Mean Reversion irgendwann zuschlagen, und der Markt wird sich drehen. Haben Sie eine im Verhältnis zu Ihrem Kapital zu große Position im Markt und Sie müssen Sie schließen, weil Sie die Verluste nicht mehr „ertragen" können, dann können Sie eben nicht profitieren, wenn der Markt dreht und in Ihren Vorteil zu laufen beginnt.

Eine der größten Hürden für angehende Trader ist Geduld. Nun, seien wir ehrlich. Wer hat die schon? Können Sie am Morgen Ihre Tradingplattform aufmachen, ihre Charts studieren und dann die Plattform schließen und keinen Trade machen? Sie machen keinen Trade, weil es einfach nichts zu traden gibt. Die Märkte bieten keine Gelegenheit, um die Snap-Back-Strategie zu traden. Alle Märkte verlaufen ruhig innerhalb ihrer üblichen Ranges. Es gibt auf keinem Ihrer Charts eine extreme Bewegung, die den Grund für einen Trade abgäbe.

Wenn es Ihnen gelingt, die Geduld und die Disziplin aufzubringen, um auf die wenigen echten Chancen in der Woche zu warten, werden Sie Ihre Erfolgschancen bedeutend steigern können. Meiner Erfahrung nach kommen im Schnitt jede Woche zwei, drei ausgezeichnete Chancen, wenn man sich auf die Hauptmärkte beschränkt. Nutzt man einen Scanner, um nach extremen Bewegungen bei Aktien zu suchen (mindestens 15 % minus oder mehr), dann sind es vielleicht einige mehr.

Zwar kann der schnelle Gewinn, den man mitunter mitnehmen kann (und auch muss, siehe Beispiele im zweiten Teil) manchmal den Eindruck erwecken, man hätte den Markt gescalpt, aber unter Scalping verstehe ich etwas anderes (siehe mein Buch: Scalpen macht Spaß).

Ich bin der Überzeugung, dass man mit dieser Methode, wenn sie einem gefällt, ein profitables Trading-Business aufbauen kann. Man braucht wirklich nicht mehr, als hin und wieder 40, 60 oder 70 Punkte mitzunehmen. Und dazu brauchen Sie nicht mal den ganzen Tag vor dem Computerschirm zu sitzen. Im Gegenteil. Wenn Sie einmal Ihre Scanner richtig eingestellt haben, reicht vielleicht ein kurzer Check alle drei vier Stunden. Nach einiger Zeit sehen Sie gleich, ob es für Sie eine Trading-Gelegenheit gibt oder nicht. Die modernen mobilen Geräte machen es einem sehr einfach. Und es gibt Plattformen, die einem einen sogenannten Alert (SMS oder Mail) schicken, wenn sich etwas Interessantes für Sie ereignet hat.

Sie sehen, diese Methode hat den Vorteil, dass sie nicht ihre ganze Tageszeit in Anspruch nimmt. Gleichzeitig können Sie sich mit anderen Dingen beschäftigen (oder andere Strategien traden).

Das gilt im Übrigen auch für die Zeiten, in denen Sie Sie einen Trade im Markt haben. Machen Sie hier nicht den Fehler, jeden Tick Ihres Trades verfolgen zu wollen. Trading ist ein Wahrscheinlichkeitsspiel. Sie erwischen nie, oder nur durch Glück, das Hoch oder Tief des Tages. Also ist Ihr Entry in den Trade im Grunde auch nur ein Zufallsprodukt. Natürlich setzt die Snap-Back Strategie darauf, dass der Markt die vorangehende Bewegung zumindest teilweise korrigieren wird. Wie viel Korrektur kommt und ob sie überhaupt kommt, das überlassen Sie am besten dem Markt. Mit anderen Worten: arbeiten Sie immer mit Bracket-Orders. Bracket Orders bestehen immer aus drei Orders. Wenn Sie Long gehen wollen, eröffnen Sie die Position mit einer Buy Order. Dieser wird dann automatisch von einer Sell-Stop-Order begleitet, die Ihr Risiko in dem Trade bestimmt. Gleichzeitig setzt das System auch eine Sell-Limit-Order. Diese dient dazu, den Gewinn zu sichern, sobald Ihr Kursziel erreicht wurde. Diese Bracket-Order ist im Grunde eine Funktion Ihres Risikomanagements. Sie dient dazu, Ihr maximales Risiko zu kalkulieren. Wenn Sie aus irgendeinem Grund den Trade nicht mehr beobachten können, weil Sie andere Verpflichtungen haben, übernehmen die Bracket-Orders die Arbeit für Sie. Entweder wird der Stop erreicht oder das Kursziel. Es kann aber genauso passieren, dass Sie immer noch in der Position sind, wenn Sie zurückkommen. Dann haben Sie immer noch die Möglichkeit, den aufgelaufenen Gewinn zu realisieren und die Order zu schließen. Niemand verpflichtet Sie, darauf zu warten, bis das Kursziel erreicht wurde, wenn es Anzeichen gibt, dass sich der Markt wieder drehen könnte und Sie den aufgelaufenen Gewinn so preisgeben müssten. <u>Nehmen Sie das, was Ihnen der Markt gibt</u>. Das ist einfach gesagt, aber schwer durchzuführen. Ich selbst habe diese einfache Regel nur mit Mühen gelernt. Ich war immer heldenhaft dabei, zu warten, bis mein Kursziel erreicht wurde, statt einfach das Geld zu nehmen, das mir der Markt auf den Tisch gelegt hatte. Ich musste lernen, dieses Geld zu nehmen, egal ob es 50 Euro oder 500 Euro waren.

Kapitel 7: Schützt mich der Stop wirklich vor hohen Verlusten?

Egal, wie schnell oder wie langsam Sie aus dem Trade aussteigen wollen, es lässt sich mit Bracket Orders immer ruhig schlafen. Ihr Risiko ist von vornherein begrenzt. Nun… nicht ganz. In volatilen Phasen und insbesondere infolge starker, plötzlicher Kurseinbrüche kann der Ausführungskurs erheblich vom Stop-Kurs abweichen. Dies gilt natürlich vor allem, wenn Sie eine Position über Nacht oder übers Wochenende halten. Es kommt durchaus vor, dass ein Markt am Montagmorgen mit einem erheblichen Aufschlag oder Abschlag eröffnet. Sind Sie mit gehebelten Instrumenten wie Futures oder Forex unterwegs, kann dies zu erheblichen Verlusten und im Extremfall (wie z. B. beim sogenannten „Franken-Schock") zu existenzbedrohenden Verlusten führen.

Wie bereits mehrfach angesprochen, ist die beste Versicherung gegen diesen Fall das Traden mit kleinen oder „vertretbaren" Positionen. Sie müssen als Trader immer das Worstcase-Szenario vor Augen haben. In aller Regel gleichen   sich nach meiner Erfahrung solche Verluste und Gewinne im Laufe einer Trader-Karriere aus (die Extrembewegung kann auch mal zu Ihrem Vorteil geschehen, wie es mir mal im EUR/JPY während der Eurokrise geschehen ist. Meine Position stand innerhalb von einer halben Stunde 700 Pips im Gewinn!). Mal werden Sie bei einem Gap auf der Gewinnerseite stehen, mal auf der Verliererseite.

Gefährlich wird es allerdings bei den zwar selten auftretenden aber nicht unmöglichen *Schwarzen Schwänen* (Black Swans). Dies sind Ereignisse wie der bereits erwähnte *Frankenschock*, bei denen die ganze Finanzcommunity durch ein externes Geschehen „überrascht wird". Im Falle des Frankenschocks hob am 15. Januar 2015 die Schweizerische Nationalbank den Euro-Mindestkurs von 1,20 ohne Vorwarnung auf. Der Franken verteuerte sich auf einen Schlag um fast 20 Prozent.

Gegen ein solches Ereignis hilft eigentlich nur eine garantierte Stop-Loss-Order. Hier garantiert der Broker die Glattstellung der Position exakt zum gewünschten Kurs. Der Broker trägt dadurch das Risiko und muss die Kosten für Abweichungen selbst tragen. Im Gegenzug zahlt der Trader in der Regel eine Gebühr für diese Garantie. Die Gebühr kann aber auch durch eine Ausweitung der Spreads vereinnahmt werden. Sie müssen dieses Entgelt somit als eine Art Versicherungsprämie betrachten. Sprechen Sie also mit Ihrem Broker und fragen Sie ihn, ob er garantierte Stop-Loss-Orders anbietet und was sie kosten.

Es liegt im Ermessen des Traders, ob er bei der Snap-Back-Strategie auf garantierte Stops verzichten will oder nicht.

Dazu zwei Bemerkungen. Erstens, wie bereits gesagt: Sie sollten mit solchen Positionen traden, dass Sie, wenn ein solches Ereignis eintritt, nicht gleich ruiniert werden. Zweitens wurde in Extremfällen, wie zum Beispiel dem Frankenschock, der Verlust vom Broker aufgefangen, obwohl er es nicht musste. Bei meinem Broker war dies der Fall. Es ist also schon deshalb nicht unwichtig, dass Sie einen Broker aussuchen, der solche Ereignisse wie den Frankenschock überlebt hat und vielleicht sogar für seine Kunden eingesprungen ist, die auf der „falschen Seite" standen. Drittens stehen wir im Falle der Snap-Back-Strategie meist auf der sicheren Seite, denn „das Unglück" ist bereits geschehen. Die Strategie ist geradezu daraufhin entwickelt, dass Sie die extreme Bewegung abwarten und dann die Gegenposition einnehmen. Allein schon diese Tatsache ist in der Regel die beste Versicherung gegen extreme Kursbewegungen.

Im Übrigen treten solche Extremsituationen nicht nur auf der Shortseite auf. Es gibt auch Fälle von Aktien, die dermaßen extrem gestiegen sind, dass diejenigen, die in diesen Papieren Short-Positionen hielten nicht nur „gegrillt", sondern regelrecht in den Konkurs getrieben wurden. Das wohl prominenteste Beispiel eines solchen „Short-Squeeze" (Angebotsknappheit eines Wertpapiers) war das Kursgeschehen der Volkswagen-Stammaktie Ende Oktober 2008. Am 26. Oktober 2008 hatte Volkswagen Porsche darüber informiert, dass es seinen Anteil an Volkswagen von 35 % auf 42,6 % erhöht hatte und dass es sich über Optionen weitere 31,5 % gesichert hatte, wodurch es bei voller Optionsausübung auf einen Gesamtanteil von 74,1 % kam. Es gab aber viele Trader, die auf sinkende Kurse gesetzt und VW-Stammaktien leerverkauft hatten. Da das Land Niedersachsen weitere 20 % der VW-Aktien hielt, verblieben weniger als 6 % der VW-Aktien frei handelbar. Die Leerverkäufer hatten sich aber 12 % der VW-Aktien geliehen, die sie für die Rückführung der Leihe am Aktienmarkt kaufen mussten. Somit steckten sie in einem Short Squeeze. Durch die Glattstellung ihrer Short-Positionen explodierte der Kurs der VW-Stammaktie und stieg innerhalb von zwei Tagen von rund 200 EUR auf über 1000 EUR.

Sie sehen, an der Börse geht es manchmal richtig rund. Es ist deshalb wichtig, dass Sie als Trader, der in den meisten Fällen wie ein Hedgefonds mit gehebelten Produkten handelt, wissen, was Sie tun.

Was nun der Stop-Abstand zum Entry betrifft, wähle ich in der Regel einen großzügigen Stop. Um nochmal zum Beispiel des Bund Futures-Trades zurückzukehren. Wenn ein Markt 600 Punkte gestiegen ist und ich gehe Short in der Hoffnung, zumindest 100 bis 200 Punkte der Korrektur mitzunehmen, dann macht es keinen Sinn mit einem Stop von 50 Punkten zu arbeiten. Ich hoffe, Sie sehen das ein. Am Morgen des 29. Mai stieg der Bund Future allein 200 Punkte, bevor er sein endgültiges Hoch erreichte. Wenn Sie hier Short gehen mit einem Stop von 50 Punkten Abstand ist die Chance, dass Ihr Stop von einem letzten Aufbäumen der Käufer geholt wird, beträchtlich hoch. Es kann gelingen, aber die Chance, dass Sie aus dem Markt gekegelt werden ist einfach größer als dass Sie gewinnen werden.

Deswegen würde ich bei solchen Bewegungen einen Stop von mindestens 150 Punkten wählen. Dieser Stop ist deutlich weiter weg vom aktuellen Marktgeschehen. Sollte auch dieser Stop geholt werden, ist dies in aller Regel ein klares Indiz dafür, dass Sie mit Ihrer Einschätzung falsch liegen und dass der Markt weiter steigen wird.

Kapitel 8: Trade-Management

Bezüglich des Managements des Trades können wir es kurz halten. Da wir auf ein Snap-Back setzen, also ein Zurückschnallen einer Kursbewegung, kann die Erklärung zum Trade-Management kurz ausfallen. In der Regel werden Sie sich mit 70 bis 100 Punkte zufrieden geben müssen. Es kann mehr sein, aber oft sind diese Gegenbewegungen nach einer extremen Bewegung kurz. Deswegen sollten Sie das nehmen, was Ihnen der Markt gibt.

Ich habe zwar mit Trailingstops experimentiert, konnte aber keinen Vorteil darin finden. Sinnvoll scheint es mir aber schon, den Stop auf Breakeven zu setzen, sobald Sie 50-60 Punkte Gewinn haben. Es macht einfach keinen Sinn, den Trade nochmal in den Verlust laufen zu lassen, nachdem Sie einmal einen solchen Gewinn hatten.

Wie gesagt: am besten lernen Sie, das Geld, das auf dem Tisch liegt, zu nehmen und sich aus dem Staub zu machen. Das klingt vielleicht unorthodox, ist aber gut für Ihr Konto.

Kapitel 9: Exit

Wenn man einmal zu der Erkenntnis gelangt ist, dass es unmöglich ist, das perfekte Entry zu finden (es sei denn durch Zufall), so gilt dies natürlich auch für den Exit des Trades. Im Gegensatz zum Entry bin ich beim Exit nicht so geduldig. Wenn zum Beispiel ein Trade gut im Gewinn liegt aber längst nicht das anvisierte Kursziel erreicht hat, zögere ich nicht, den Gewinn zu nehmen, wenn der Markt über ein bestimmtes Level nicht hinauskommt. Bei der Snap-Back-Methode geht es darum, das zu nehmen, was dir der Markt gibt. Und wenn es zu lange dauert, um ein bestimmtes Level zu überwinden, zögere ich nicht und nehme das, was ich habe.

Manche Trader werden hier einwenden: du handelst suboptimal, denn du schöpfst nicht das ganze Potenzial deines Trades aus. Ich verstehe diesen Einwand. Er stammt aber von einer anderen Trading-Philosophie, die geduldig Trades platziert und dann den Markt entscheiden lässt, ob zuerst das Kursziel oder der Stop erreicht wird.

Wenn ich bezüglich des Entrys schrieb: trade nur, wenn du Angst hast, dann gilt für den Exit: und verkaufe sobald du die Gier spürst.

Die meisten Trader machen das Gegenteil. Sie sind ungeduldig beim Entry (sie sind gierig zu kaufen oder verkaufen, egal was) und sind dann unendlich geduldig beim Exit (Sie haben Angst die Position zu schließen, auch wenn der Gewinn nicht so groß ist). Sie müssen lernen bei dieser Strategie das Geld, das auf dem Tisch liegt, zu nehmen und sich aus dem Staub zu machen.

Bei der Snap-Back-Strategie geht es also darum, geduldig abzuwarten bis sich eine gute Chance ergibt und dann schnell zuzuschlagen wie ein Scharfschütze, der einen ganzen Tag auf der Lauer liegt, um irgendwann einen einzigen Schuss abzufeuern. Ich kann mir kein besseres Bild für diese Strategie denken.

Kapitel 10: Wann treten die besten Trading-Gelegenheiten auf?

Auch das ist natürlich nicht in Stein gemeißelt, denn gute Gelegenheiten für diese Methode können in jedem Moment auftreten. Bezüglich der Hauptmärkte treten Sie erfahrungsgemäß gehäuft am späten europäischen Nachmittag oder abends (Europäische Zeit, New York mittags) auf, wenn die Märkte Tagestiefs oder -hochs gebildet haben. Sie müssen warten können, bis Sie eine echte Chance bekommen. Der Grund ist einfach. Wenn Sie in einem Markt einen starken Trend haben und alle Daytrader sind Short, dann können Sie vielleicht erst am Ende einsteigen, wenn die Daytrader ihre Positionen glattstellen.

Oft ist dies eine gute Zeit zum Agieren. Sie müssen immer bedenken, dass, wenn der Markt einen Trendtag gebildet hat (der Markt ist in eine bestimmte Richtung gelaufen), dass diejenigen, die diesen Trend gehandelt haben auf Gewinnen sitzen, die Sie in der Regel am Ende des Tages auch einstreichen wollen. Dies allein verursacht schon Druck in die Gegenrichtung. Darum ist dieser Augenblick oft der Beste für die Snap-Back-Methode, um einzusteigen.

Kapitel 11: Warum Sie den

Wirtschaftskalender studieren sollten

Eine wichtige (und oft unterschätzte) Fähigkeit eines Traders ist die korrekte Einschätzung des sogenannten Wirtschaftskalenders. Ich benutze gern den Kalender der Webseite Forexfactory.com.

Bild 6: Wirtschaftskalender vom 12. Dezember 2018

Date	9:48am	Currency	Impact		Detail	Actual	Forecast	Previous	Graph
Wed Dec 12	12:27am	AUD		Westpac Consumer Sentiment		0.1%		2.8%	
	12:50am	JPY		Core Machinery Orders m/m		7.6%	10.2%	-18.3%	
		JPY		PPI y/y		2.3%	2.4%	3.0%	
	5:30am	JPY		Tertiary Industry Activity m/m		1.9%	0.5%	-1.2%	
	10:00am	EUR		Italian Quarterly Unemployment Rate			10.3%	10.7%	
	11:00am	EUR		Industrial Production m/m			0.2%	-0.3%	
	2:30pm	CAD		Capacity Utilization Rate			85.9%	85.5%	
→		USD		CPI m/m			0.0%	0.3%	
→		USD		Core CPI m/m			0.2%	0.2%	
	4:30pm	USD		Crude Oil Inventories			-3.0M	-7.3M	
	7:01pm	USD		10-y Bond Auction				3.21|2.5	
	8:00pm	USD		Federal Budget Balance			-193.5b	-100.5B	
	10:45pm	NZD		FPI m/m				-0.6%	

Die Farbe des kleinen Icons in Form einer kleinen Fabrik gibt Ihnen einen Hinweis auf die Bedeutung des zu erwartenden Ereignisses. Forexfactory arbeitet mit drei Farben: gelb, orange und rot. Gelbe und orangene Icons deuten darauf hin, dass den Zahlen keine allzu große Bedeutung beizumessen ist, zumindest nicht, um die Kurse signifikant zu bewegen. Ist die Fabrik rot gefärbt, bedeutet dies in der Regel, dass der Termin wichtig ist und dass mit erhöhter Volatilität (sprich Trading-Chancen) zu rechnen ist. In dem Beispiel im Bild gab es an dem Tag nur ein Ereignis, das von Bedeutung war: nämlich die Zahlen für die Verbraucherpreise der Vereinigten Staaten um 14 Uhr 30. Die Verbraucherpreise machen einen Großteil der Gesamtinflation aus. Die Inflation ist für die Währungsbewertung wichtig, da die Fed aufgrund der steigenden Preise die Zinssätze erhöhen könnte.

Eine bedeutende Bewegung kann vor allem eintreten, wenn die Zahlen deutlich von den Erwartungen abweichen sollten. Die Prognose der Analysten lag an dem Tag bei 0,0 %. Das heißt, die Mehrheit der Analysten erwartete keine Änderung der Verbraucherpreise. Diese Prognose trat auch ein. Die Zahlen der Analysten wurden bestätigt. Natürlich schaut man bei einem solchen Ereignis darauf, wie der Dollar reagieren wird, also macht man den Chart des EUR/USD auf. Wenn die

Zahlen im Rahmen der Erwartungen liegen, ist meist auch nicht von einer größeren Bewegung auszugehen, denn die ganze Information war bereits vorab im Markt eingepreist. Außer ein wenig Zucken bewegte sich der Markt an diesem 12. Dezember kaum.

Umgekehrt kann es genauso passieren, dass ein Termin, der vom Forexfactory-Team lediglich mit gelb eingestuft wurde (dem also eher weniger Bedeutung beigemessen wurde) eine fast erdrutschartige Bewegung in einem Markt verursacht. Das geschieht natürlich meist dann, wenn die tatsächlichen Zahlen dermaßen außerhalb der Erwartungen liegen, dass die beteiligten Akteure dieses Marktes richtig aufgeschreckt werden.

Der Wirtschaftskalender ist also kein exaktes Prognosewerkzeug. Er sagt Ihnen lediglich, ob ein wichtiges Ereignis bevorsteht oder nicht. Ich wundere mich immer wieder, wie wenig manche Trader den Wirtschaftskalender in Ihre Überlegungen einbeziehen. Sie fragen sich zum Beispiel, weshalb sich die Märkte von Montag bis Mittwoch kaum bewegen und in engen Ranges verlaufen. Wenn ich sie denn frage, warum dies so sei, zucken sie mit der Schulter, obwohl jeder nur einigermaßen informierte Trader wissen sollte, dass am Donnerstag dieser Woche der Zinsentscheid der EZB anstand. Was soll denn die Finanzmärkte bewegen, wenn nicht wichtige ökonomische oder geldpolitische Entscheidungen?

Sie sollten also am Anfang der Woche den Kalender studieren und sich einige Notizen machen. Wenn zum Beispiel Arbeitslosenzahlen in Neuseeland anstehen, dann sollten Sie vielleicht an dem Tag mal einen Blick werfen auf das Währungsverhältnis NZD/USD. Soll ich mich als Trader für die Arbeitslosenzahlen in Neuseeland interessieren. Die Antwort darauf lautet: ja. Hier sind sie:

Bild 7: Arbeitslosenzahlen Neuseeland 2000 - 2018

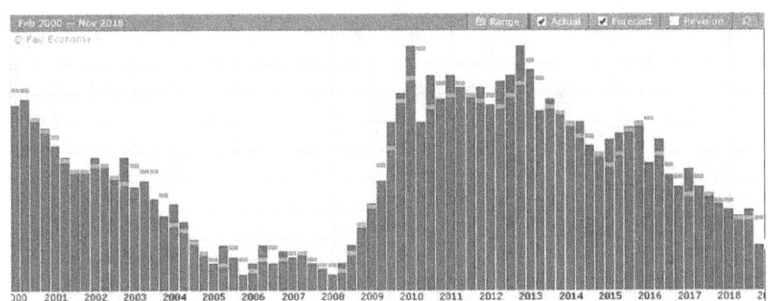

Sie finden diese Graphik, wenn Sie auf den kleinen braunen Button klicken neben dem Termin auf Forexfactory. Dann öffnet sich ein Fenster mit etwas Erklärung zu dem Ereignis. Rechts unter dem Begriff „History" sehen Sie „Graph" stehen. Wenn Sie darauf klicken, sehen Sie, wie sich die Zahlen in den vergangenen Quartalen entwickelt haben. Eindeutig zu sehen ist, wie sich die Arbeitslosenquote im Zuge der Finanzkrise 2008 deutlich erhöht hat. In den Jahren danach konnte sich die Neuseeländische Wirtschaft offenbar erholen. Die Arbeitslosenquote (Stand Ende 2018) nähert sich nun den guten Zahlen von vor der Finanzkrise an.

Am 6. November wurde die Arbeitslosenquote (35 Tage nach Endes des jeweiligen Quartals) bekanntgegeben. Die vorherige Quote lag bei 4,4 %. Die Erwartung der Analysten war, dass die Quote erneut bei 4,4 % liegen würde. Die Zahlen waren allerdings viel besser als erwartet, denn sie lagen mit 3,9 % deutlich darunter. Die Reaktion der Marktakteure kam umgehend:

Bild 8: NZDUSD, Stundenchart 2. November bis 7. November

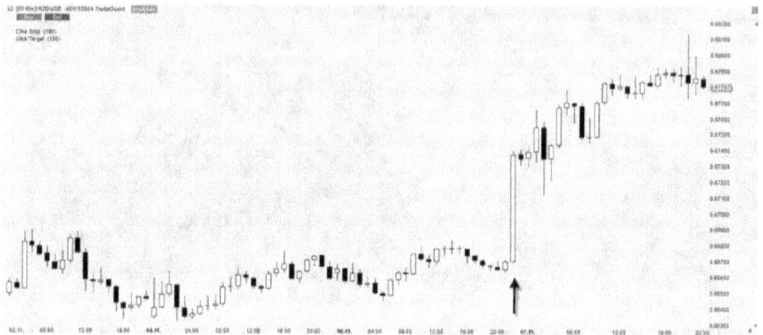

Wie man auf dem Chart deutlich sehen kann, war der Markt in den Tagen vor den Zahlen sehr ruhig. Es gab kaum Bewegung. Offenbar gefiel den Marktakteuren die neue Arbeitslosenquote, denn unmittelbar nach Bekanntgabe schoss der Neuseeländische Dollar gut 70 Pips nach oben. Ich sage „offenbar", denn natürlich kann man von der Kausalkette „weniger Arbeitslose – gut für die Ökonomie – gut für die Währung" ausgehen. Aber sicher ist das keineswegs.

Wäre ein solcher Move nach oben für mich ausreichend um hier Short zu gehen? Ehrlich gesagt nicht. Das ist eine schöne Bewegung in diesem Paar, aber das ist nicht das, was ich eine „extreme Bewegung" nennen würde. Denn dann müsste sich das Paar schon mehrere Prozentpunkte oder mehrere hunderte Pips in eine Richtung bewegen. Und das war hier eindeutig nicht der Fall. Der Markt reagierte nach diesen guten Zahlen positiv im Rahmen des Erwartbaren. Aber auch nicht mehr.

Kapitel 12: Welche Märkte eignen sich für die Snap-Back-Strategie?

Im Prinzip kann diese Strategie in jedem handelbaren Markt gehandelt werden. Wichtig ist, dass er liquide genug ist, damit man gegebenenfalls schnell wieder aus einer Position aussteigen kann. Ich gebe hier mal einen Überblick über die Märkte, die ich gerne trade:

Währungen: EUR/USD, EUR/JPY, AUD/USD, NZD/USD, USD/JPY, GBP/JPY, USD/CHF, USD/CAD, GBP/CHF, AUD/JPY, EUR/CHF

Indizes: Dow Jones, Nasdaq, SP500, DAX, CAC40, Eurostoxx50, Nikkei 225

Anleihen: Bund Future, BOBL Future, 30 Year US Bond, 10 Year Note

Edelmetalle: Gold, Silber, Platin, Palladium

Rohstoffe: Kupfer, WTI, Brent, Natural Gas, Weizen, Mais, Cacao, Baumwolle, Orangensaft, Kaffee, Zucker

Aktien: meist amerikanische Aktien mit einer Marktkapitalisierung von mindestens 2 Milliarden USD.

Das sind meine üblichen Märkte, aber es steht natürlich jedem frei, weitere hinzuzufügen. Es kann mitunter interessant sein, auch solche Märkte zu traden, die Sie normalerweise nicht handeln würden. So habe ich während der sogenannten „Italienkrise" den Future auf italienische Anleihen gehandelt. Oder in den Wochen vor der Brexit-Abstimmung den FTSE 100. Chancen gibt es immer, wenn man mit offenen Augen und Ohren durch die Welt geht und gelegentlich mal über den Tellerrand schaut.

Teil 2: Trading-Beispiele

Kapitel 1: Beispiele in den Aktien-Indizes

Bild 9: FDAX, Stundenchart

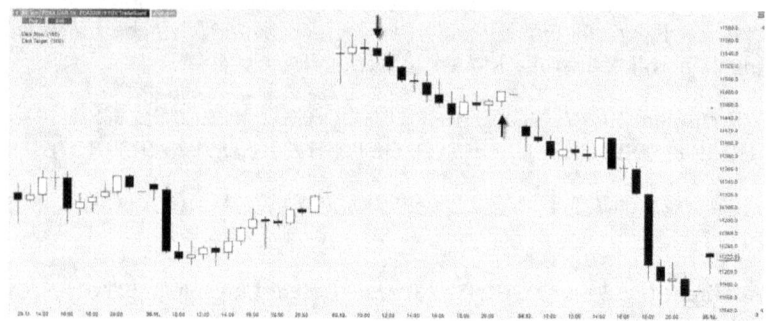

Im Beispiel hier oben eröffnete der DAX-Future am Montagmorgen des 3. Dezember 2018 mit einem Gap-Up von mehr als 200 Punkten. Eine sehr enthusiastische Eröffnung, dachte ich, die geradezu nach einer Korrektur schrie. Nachdem sich der Markt etwa 2 Stunden im Bereich 11.530 – 11.550 aufgehalten hatte, ohne weiter nennenswert zu steigen, entschied ich mich für eine Short-Position (roter Pfeil oben). Meine Annahme wurde bestätigt. Der FDAX begann tatsächlich zu fallen, allerdings ohne große Schritte nach unten. Insgesamt hatte ich etwas weniger als 100 Punkte Gewinn gegen Abend. Das Gap war bis zu dem Zeitpunkt immer noch nicht geschlossen. Aber ich wollte sicher gehen und strich den Gewinn ein (kleiner schwarzer Pfeil rechts). Wie zu sehen, war diese Entscheidung etwas voreilig, denn am nächsten Morgen eröffnete der FDAX mit einem kleinem Gap nach unten. Im Laufe dieses Tages fiel der Future weiter bis er schließlich das Montagsgap schloss und sogar noch viel tiefer fiel. Insgesamt hätte ich mit diesem Trade über 400 Punkte machen können, wenn ich in der Position geblieben wäre. Dies ist dann auch der Kritikpunkt an meiner Methode: ich handle sozusagen suboptimal, wenn ich so viele Punkte auf dem Tisch liegen lasse.

Nur, wie konnte ich am Abend des 3. Dezembers wissen, dass der FDAX am nächsten Morgen weiter fallen würde? Ich wusste es keineswegs. Niemand wusste es. Manchmal werden Gaps gleich geschlossen, aber manchmal kann man Monate warten, bis es geschieht. Das einzige was ich wirklich „wusste", war, dass eine Korrektur nach einem solchen Gap-

Up wahrscheinlich war, was dann auch eintrat. Dass das Gap erst am nächsten Tag geschlossen werden sollte, konnte ich zwar ahnen, aber ich entschloss mich, zu nehmen was mir der Markt bis dahin gegeben hatte. Ich denke, das ist ein wichtiges Prinzip, mit dem es viele schwer haben: nimm das, was der Markt dir gibt und mache dich aus dem Staub. Zu spekulieren, ob man drin bleiben sollte, weil da vielleicht noch mehr kommen könnte, ist schlicht müßig. Du kannst das nicht wissen. Vergessen Sie nicht: bei der Snap-Back-Methode handeln wir <u>eine Reaktion auf eine extreme Bewegung</u>. Wie weit der Markt diese Reaktion ausdehnen kann, ist leider nicht vorherzusehen, darum glaube ich, dass es in der Regel besser ist, man schließt die Position.

Bild 10: Dow Jones Mini Future, Stundenchart, 8. – 16. Oktober 2018

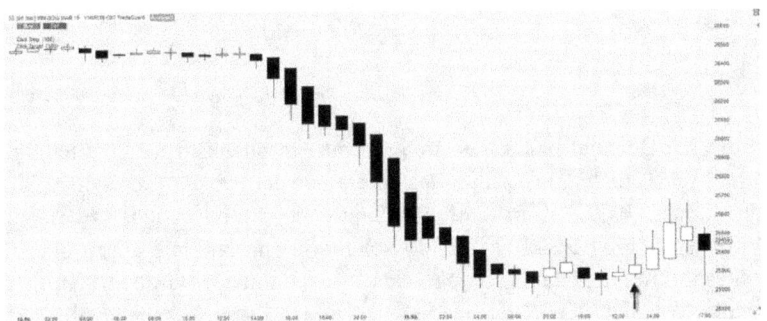

Am 10. Oktober fiel der Dow Jones Future über 1000 Punkte. Wie man an dem Heikin Ashi Chart erkennen kann, gab es kaum eine nennenswerte Gegenbewegung. Der Snap-Back-Trader musste also Geduld aufbringen. Das Tief der Bewegung lag bei 25.188 Punkten und wurde am frühen Morgen des nächsten Tages erreicht. Erst am europäischen Vormittag gab es eine Gegenbewegung (Pfeil unten), die den Future immerhin über 450 Punkte zurück Richtung Norden schickte. Ein geschickter Trader konnte hier durchaus über 200 Punkte realisieren.

Natürlich treten solche Bewegungen eher selten auf, aber sie lohnen sich meist zu traden, denn die „technischen Korrekturen" bringen in der Regel über hundert Punkte ein.

Kapitel 2. Beispiele in den Währungsmärkten (Forex)

Bild 11: GBP/JPY, 4-Stunden-Chart, September – November 2018

In diesem Beispiel handelt es sich um ein Geschenk, das es manchmal vom Markt auch gibt. Zumindest betrachte ich es als Geschenk. Sie sehen, dass GBP/JPY im Laufe des Septembers immer wieder an einem Widerstand im Bereich 149,2800 scheiterte (horizontale Linie oben). Insgesamt lief der Markt vier Mal den Widerstand an, wurde aber immer wieder von den Verkäufern abgewiesen. Da diese Versuche alle auf kleinen Bewegungen basierten, gab es für mich hier keinen Handlungsbedarf. Schließlich fiel GBP/JPY im Laufe des nächsten Monats zurück und erreichte bei 143 eine Unterstützung. Allerdings begann das Paar am 1. November 2018 erneut zu steigen und legte jetzt einen Aufwärtstrend hin, der kaum von nennenswerten Korrekturen begleitet wurde. Die Heikin Ashi Darstellung illustriert diese Tatsache sehr schön, indem sie den Aufwärtstrend mit lauter grünen Kerzen im Chart zeichnet. Insgesamt stieg das Paar über 5000 Pips, bis es schließlich erneut besagten Widerstand bei 149,28 erreichte.

Bild 12: GBPJPY, Stundenchart, 8.11.2018

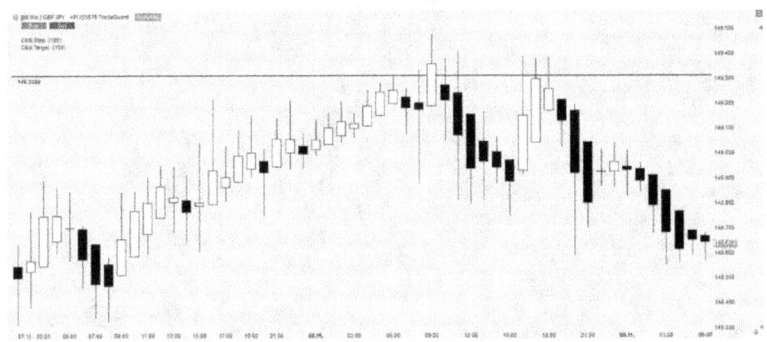

Wir sehen im Stundenchart, dass das Paar am frühen Morgen des 8. Novembers den Widerstand erreichte. Gegen 9.00 Uhr gab es dann einen ersten Versuch, den Widerstand zu überwinden, der fehlschlug. Das Paar notierte in den Stunden danach unterhalb des Widerstandes. Hier konnte man natürlich schon eine erste Short-Position aufbauen, es sei denn, man wartete die Bestätigung ab, die einige Stunden später kommen würde. Das Problem ist nur: es kann, wie in diesem Fall, in der Tat einen zweiten Versuch geben, den Widerstand zu überwinden, der erneut scheiterte, und dann erst bekommen Sie Ihre Bestätigung. Es hätte aber genauso sein können, dass das Paar gleich nach dem ersten Scheitern erneut zu fallen beginnt. Egal, wie Sie es machen wollen, Sie werden immer wieder erleben, dass sich der Markt anders entscheidet, als Sie es erwartet haben. Mal wird er, wie in diesem Beispiel, zwei Mal versuchen, den Widerstand zu überwinden, mal wird er gleich drehen und in die andere Richtung laufen, und er kann natürlich auch den Widerstand überwinden, gegebenenfalls nach mehreren Versuchen. Deswegen sollten Sie, wenn Sie dieses Signal bekommen, einfach Short gehen. Mal wird Ihre Position gleich in den Gewinn laufen und mal werden Sie einige Stunden warten müssen. Aber wenn Sie eine starke Bewegung sehen (die nach einer Korrektur schreit) und die Bewegung macht halt an einem starken Widerstand, dann bekommen Sie den Trade eigentlich fast wie geschenkt. Und so war es hier auch. In den nächsten Tagen fiel das Paar über 3000 Punkte wie auf Bild 12 zu sehen ist.

Bild 13: GBPUSD, Stundenchart, 17. bis 29. September 2018

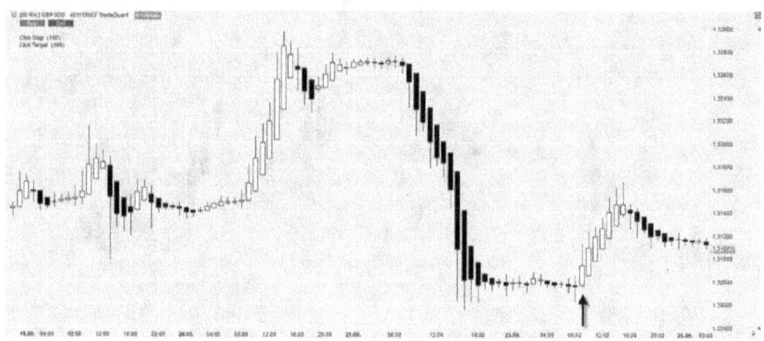

Dieses Beispiel im Britischen Pfund ist geradezu mustergültig. Am Freitag, den 21. September, war das Pfund über 200 Pips gefallen. Es war keine riesige Bewegung, aber immerhin ein ordentlicher Absturz nach den Gewinnen der Vortage. Das Paar erreichte sein Tief am späten Nachmittag und handelte in den Abendstunden nur noch in einem engen Range seitwärts. Es ist natürlich immer etwas riskant, vor dem Wochenende eine Position einzunehmen. Ich bevorzuge es immer, das Wochenende abzuwarten. Und in der Tat kam die „technische Gegenbewegung" am Montagmorgen. Hier waren durchaus 50 bis 60 Pips drin.

Wie man sieht, sollte man seine Gewinnziele bei dieser Strategie an die vorangehenden Bewegungen anpassen. Bei einer Bewegung von 200 Pips eine Korrektur von 150 Pips zu erwarten, ist schon sehr ambitioniert. Aber wie man sieht, sind 50 oder 60 Pips durchaus drin. Der Stop sollte mindestens 100 Punkte entfernt stehen.

Kapitel 3: Beispiele in den Aktienmärkten

Bild 14: Weigt Watchers, 15-Minutenchart, 1. bis 6. November 2018

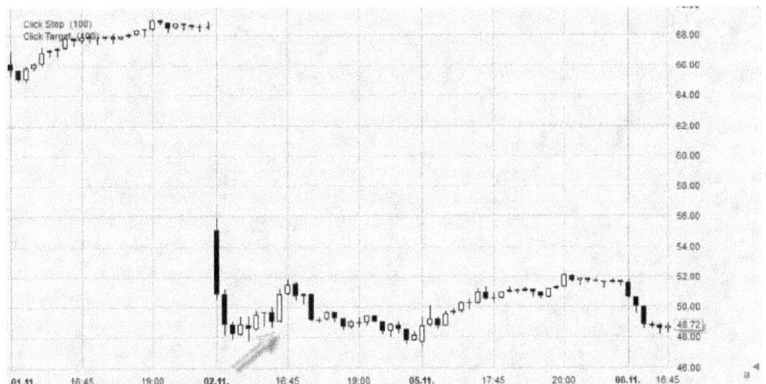

Die Aktie von Weight Watchers (NASDAQ: WTW) eröffnete am 2. November 2018 mit einem Gap von über 14 $. Das Papier verbilligte sich dann in der ersten halben Stunde gleich nochmal mit fast 8 $. Insgesamt verbuchte das Papier also einen Verlust von gut 30 % an einem Tag. Die Aktien brachen ein, nachdem das Management mitgeteilt hatte, dass die Zahl der Abonnenten von Weight Watchers weiter gesunken war und dass das Unternehmen die Umsatzerwartungen im dritten Quartal verfehlt hatte. Das Papier fiel eine halbe Stunde nach der Eröffnung bis unter 48 $, obwohl es am Vorabend noch über 68 $ notiert hatte. 30 % an einem Tag ist natürlich ein richtiger Aderlass. Aber für einen Snap-Back-Trader, der auf eine schnelle Korrektur setzt, eine Chance, einige Punkte in dieser Aktie mitzunehmen. Wie Sie auf dem Chart sehen können, kam diese „technische Korrektur" nach etwa einer Stunde (Pfeil unten). Wer das Papier beobachtet hatte, konnte vielleicht bei 48,50 $ einsteigen und in etwa 45 Minuten später bei 51 $ verkaufen. Dieser Gewinn mag manchem vielleicht als „Peanuts" erscheinen, aber diese Peanuts repräsentieren immerhin 5,15 % Gewinn in einer Aktie, in weniger als einer Stunde. Das können Sie mit konventionellem Daytrading in Aktien selten oder nie erreichen. Aber im Falle eines dramatischen Absturzes eines Papiers und der dazugehörenden Volatilität bekommen Sie schon schnell solche Renditen. Den Stop hätte ich hier in etwa bei 46,50 $ gesetzt, also 2 $ tiefer als mein Entry, wissend, dass dieser Stop jederzeit geholt werden konnte, was in diesem Fall aber nicht geschah.

Bild 15: Green Sky, 15-Minuten-Chart

Der Aktie des Fintech-Unternehmens Green Sky Inc. (GSKY) stürzte am Morgen des 6. November gar um 38% ab, nachdem das Unternehmen die Umsatzerwartungen für das September-Quartal verfehlt und eine negative Prognose für das nächste Quartal abgegeben hatte. Wie Sie sehen, schmeckte diese Nachricht den Marktakteuren gar nicht. In der ersten Handelsstunde fiel die Aktie weiter von 10 $ bis auf 8.80 $. Dann traten einige Käufer auf. Hier konnte ein Trader zum Beispiel bei 9 $ kaufen (kleiner grüner Pfeil links). Allerdings wäre dieser Kauf zu früh gewesen, denn das Papier sank in der nächsten halbe Stunde nochmal bis auf 8.55 $. Erst dann kam die Korrektur. Die Position wäre also erst ordentlich in den Verlust gegangen, um sich dann später zu erholen und in den Gewinn zu laufen (großer grüner Pfeil). Der Trader konnte die Aktie dann bei etwa 9.50 $ wieder abstoßen. Das wäre immerhin auch ein Gewinn von 5,50 % in zwei Stunden gewesen. Aber man muss schnell sein und bereit, das zu nehmen, was einem der Markt bietet. Und wie dieses Beispiel zeigt, sollte man nicht davon ausgehen, dass man das Tief erwischt. Schon allein deshalb empfehle ich kleinere Positionen und großzügigere Stops. In dem Fall hätte der Stop in etwa bei 8,50 $ stehen können. Bei dieser Art von Trades wird man nicht oft gute Chance-Risiko-Verhältnisse erreichen. Man sollte schon versuchen, zumindest ein CRV von 1:1 zu bekommen. Das heißt: wenn Sie einen Dollar riskieren, sollten Sie auch versuchen einen zu bekommen. Letztlich ist es die Trefferquote, die relativ hoch ist bei dieser Methode, die einem den Gewinn bescheren wird.

Im Fall von Green Sky sehen wir, dass die Aktie sich für den Rest des Tages in einer Range zwischen 9 und 9.50 $ bewegte. Meine Erfahrung ist, dass man <u>am besten bei der ersten Erholung einsteigt</u>. Spätere Erholungen und Kaufwellen sind nicht mehr so zuverlässig.

Bild 16: Signet Jewelers, 5-Minuten-Chart

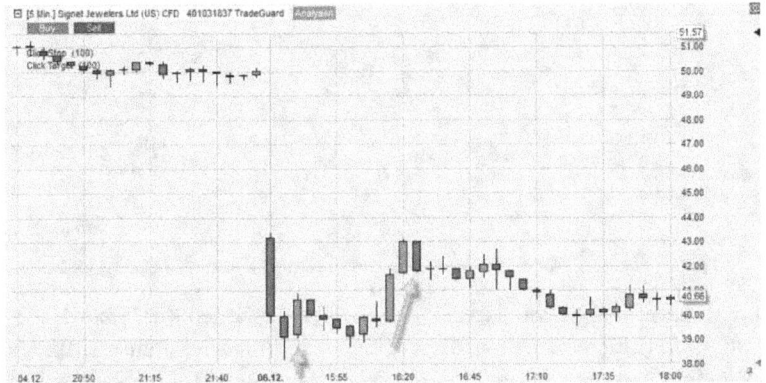

In dem Fall des Papiers von Signet Jewelers ging es am 6. Dezember von 50 auf 40 $, immerhin ein Absturz von 20 %. Die Juwelierkette verzeichnete einen vierteljährlichen Verlust von 29,9 Mio. USD oder 1,06 USD je Aktie. Das Ergebnis war um 15 Cents pro Aktie niedriger als im Vorjahr. In den ersten Minuten ging es sogar fast bis auf 38 $, dann traten die ersten Käufer auf, was man an der dritten Candle sehen kann, die bullish gefärbt war. Wer hier zum Beispiel zu einem Preis von 40 $ kaufte, musste ebenfalls eine gute halbe Stunde auf die Korrektur warten. Die Aktie fiel nochmal unter 39 $. Erst dann tauchten die Schnäppchenjäger auf, die das Papier bis auf 43 $ zurückkauften. Nehmen wir an, Sie wären schon bei 42 $ ausgestiegen, dann hätten Sie auch hier in einer Stunde 5 % Gewinn gemacht.

Kapitel 4. Beispiele in den Rohstoffen

Bild 17: Natural Gas, 14. November 2018, Stundenchart

Die Rohstoffmärkte bieten die besten Gelegenheiten für Snap-Back-Trader, weil hier manchmal Bewegungen in kürzester Zeit stattfinden von einem Ausmaß, das man bei den Währungen oder Indizes eher selten finden wird. Schauen Sie sich diese Aufwärtsbewegung im Natural Gas-Future an. Leider konnte ich im Screenshot nicht das ganze Ausmaß diese Bewegung festhalten. Der Markt hatte sich länger seitwärts im Bereich 3,20 $ aufgehalten. Am 2. November brach er über diesen Bereich aus und notierte dann in etwa bei 3,50 $, also gut dreißig Cent höher. In den darauffolgenden Tagen stieg Natural Gas weiter, bis es schließlich am 14. November innerhalb von 2 Stunden über 60 Cent stieg. Insgesamt stieg der Markt in weniger als 2 Wochen um 50 %! Am Abend des 14. November erreichte der Future in einer zweiten Bewegung sogar 4,90 $.

Bild 18: Natural Gas 14 November, 15-Minuten-Chart

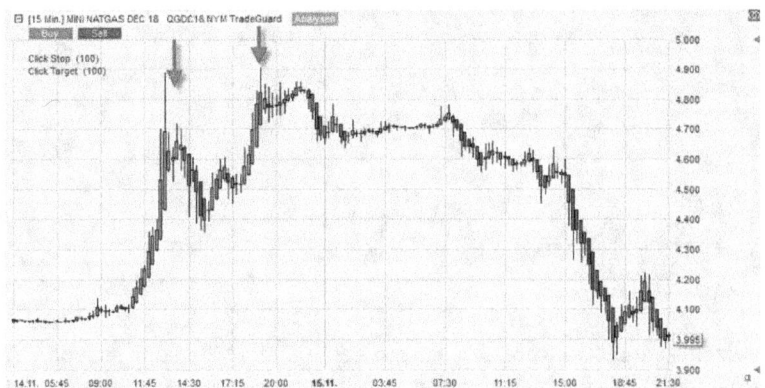

Wie das Bild deutlich zeigt, hätte man schon bei der ersten Bewegung einen ordentlichen Gewinn machen können, denn der Markt korrigierte an die 50 Cent! Das sind riesige intraday Bewegungen von teilweise über 10 %. Ich denke, es spricht für sich, dass Sie hier als Trader Ihre Positionsgröße anpassen müssen, wenn Sie das traden.

Am Abend kam dann die zweite Welle, die erneut in Richtung 4,90 $ führte. Als dann der Future diesen Bereich nicht überwinden konnte, war dann für mich das eigentliche Short-Signal gegeben (kleiner Pfeil oben). Ich musste dann nur bis zum nächsten Tag auf die Korrektur warten. Der Future fiel von 4,80 in wenigen Stunden zurück auf 4,00 $. Das ist ein Gewinn von über 16 %. Das werden Sie nicht oft bekommen, aber Sie sehen, es ist möglich.

Bild 19: Weizen Future, Stundenchart, 6.11 – 10.12.2018

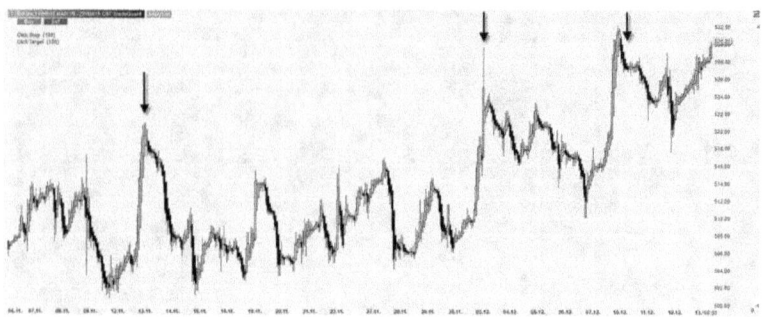

Weizen ist auch ein Rohstoff, den ich gerne trade. Man kann sich darauf verlassen, dass sich hier immer wieder Übertreibungen (nach oben und nach unten) ergeben, die man gut traden kann. Dieses Beispiel im Stundenchart illustriert dies sehr gut. Auch hier sollte man wieder am besten den Chart komprimieren, damit man die Übertreibungen auf einen Blick erkennt. Zu diesem Zeitpunkt oszillierte Weizen in einer Range von 5 bis 10 $, aber es gab drei Übertreibungen nach oben (rote Pfeile), die für mich ein gefundenes Fressen waren zu shorten. Klappt das immer? Nein! Aber es klappt sehr oft und das reicht. Wie man sieht, bekommt man etwa jede zweite Woche so eine Chance, wenn man diesen Markt beobachtet.

Glossar

Aktienindex: Kennzahl für die Kursentwicklung des Aktienmarktes insgesamt oder einzelner Aktiengruppen (zum Beispiel DAX)

Automatisierter oder algorithmischer Handel: Bezeichnet den automatischen Handel von Wertpapieren durch Computerprogramme.

Broker (Englisch für Börsen-Makler): Finanzdienstleister, der für die Durchführung von Wertpapierordern von Anlegern zuständig ist

Bund-Future: Terminkontrakt, der sich auf eine fiktive, langfristige Bundesanleihe bezieht, mit einem Kupon von 6 Prozent und einer Laufzeit von 10 Jahren

Candlestick: Darstellungsform von Kursveränderungen auf Basis einer japanischen Analysetechnik

Chance-Risiko-Verhältnis (CRV): Das CRV dient als Indikator für die Sinnhaftigkeit einer Anlage. Es wird berechnet durch die Division der erwarteten Rentabilität durch den größtmöglichen Verlust (Stop-Loss)

DAX: Deutsche Aktien Index

Daytrading: Daytrading beschreibt den kurzfristigen spekulativen Handel mit Wertpapieren. Hierbei werden Positionen innerhalb des gleichen Handelstages eröffnet und wieder geschlossen, mit dem Ziel bereits von geringen Kursschwankungen zu profitieren

Drawdown: Verluste, die innerhalb einer bestimmten Zeit ausgehend vom Höchststand entstehen können

E-Mini-Future: Future Kontrakt auf den amerikanischen Index SP500

Entry-Strategie: Eine Strategie, die den Eintritt in einen Markt bestimmt

Exit-Strategie: Eine Strategie, die den Austritt aus einem Markt bestimmt

Exponentieller Moving Average: Exponentielle gleitende Durchschnitte (EMAs) reduzieren die Verzögerung bei der Bildung des Durchschnittspreises, indem die jüngsten Preise stärker gewichtet werden

Frankenschock: Am 15. Januar 2015 hob die Schweizerische Nationalbank den Euro-Mindestkurs von 1,20 ohne Vorwarnung auf. Der Franken verteuerte sich auf Schlag um fast 20 Prozent.

Forex: Forex Exchange Market, internationaler Devisenmarkt

Futures: Terminkontrakt. Standardisierter Vertrag über den Kauf oder Verkauf einer bestimmten Menge einer Ware, zu einem festgelegten Preis, an einem bestimmten Datum

Gap: Kurslücke zwischen zwei Handelstagen

Heikin Ashi Chart: Japanisch: „auf einem Fuss balancieren". Japanischer Darstellungsform von Kursveränderungen

Indikator: Kennzahl der Technischen Analyse, der der Bestimmung von Kursverläufen von Wertpapieren dient

Kursziel: Börsenkurs, den ein Wertpapier aufgrund einer Analyse erreichen soll

Liquidität: Beschreibt im Börsenhandel, in welchem Maß ein Wertpapier jederzeit ver- und gekauft werden kann

Long: Long zu sein heißt, Wertpapierbestände gekauft und damit im Besitz zu haben

Markteffizienzhypothese: Laut dieser Theorie sind Finanzmärkte effizient, insofern vorhandene Informationen bereits eingepreist seien und somit kein Marktteilnehmer in der Lage sei, durch technische Analyse, Fundamentalanalyse, Insiderhandel oder anderweitig zu dauerhaft überdurchschnittlichen Gewinnen zu kommen

Mean-Reversion: Die Neigung eines Börsenkurses, nach einer extremen Position wieder zu seinem Durchschnittwert zurückzukehren

Money-Management: Als Money-Management bezeichnet man eine Wertsicherungsstrategie, die darauf abzielt, das Risiko eines Wertpapier-Portfolios durch Größenfestlegung der einzelnen Handelspositionen zu steuern

Moving Average: gleitender Durchschnitt, Indikator

Pennystocks: Aktien, deren Wert in der lokalen Währung unter Eins liegt

Pip: Engl. : Percentage in point, kleinste Änderung im Preis im Devisenhandel

Risikomanagement: Umfasst sämtliche Maßnahmen zur systematischen Erkennung, Analyse, Bewertung, Überwachung und Kontrolle von Risiken

Scalping: Trading-Technik, bei der der Trader versucht minimale Bewegungen im Markt zu handeln

Schwarzer Schwan (Black Swan): Ein unvorhergesehenes Ereignis, das wirtschaftliche Entwicklungen eine entscheidende Wende gibt

Short-Position: Ein Trader ist Short, wenn er eine Position verkauft, ohne sie zu besitzen (Leerverkauf)

Short Squeeze: Angebotsknappheit eines Wertpapiers, das zuvor in großer Anzahl leerverkauft („geshortet") wurde

Simple Moving Average: Ein einfacher gleitender Durchschnitt wird gebildet, indem der Durchschnittspreis eines Wertpapiers über eine bestimmte Anzahl von Zeiträumen berechnet wird

Slippage: Die Differenz zwischen dem veranschlagten und dem tatsächlichen Preis beim Wertpapierkauf

S&P 500 (Standard & Poor's 500): Aktienindex, der die Aktien von 500 der größten börsennotierten US-amerikanischen Unternehmen umfasst

Stop-Loss-Order: Verkaufsauftrag, der bestens ausgeführt wird, sobald ein bestimmter Kurs erreicht wird

Take-Profit-Order: Automatisierte Börsenorder, der ausgelöst wird, sobald ein vorab bestimmtes Kursziel erreicht wurde

Trailing-Stop: Automatisch nachgezogener Stop-Loss-Order

Trefferquote: Die Trefferquote beschreibt das Verhältnis von Gewinn-Trades zu Verlust-Trades

Trend following: Trading-Strategie, die auf das Folgen eines einmal identifizierten Trends setzt

Volatilität: Standardabweichung. Gibt an, wie stark ein Kurs schwankt

Weitere Bücher von Heikin Ashi Trader

Wie starte ich mit 500 Euro ein Trading-Business?

Viele Trader haben am Anfang nur wenig Geld fürs Traden zur Verfügung. Dies muss aber kein Hindernis sein, trotzdem eine Trader-Karriere ins Auge zu fassen.

Allerdings geht es in diesem Buch nicht darum, wie man aus 500 Euro 500.000 Euro erwirtschaftet. Es sind gerade die überzogenen Rendite-Erwartungen, welche die meisten Anfänger zum Scheitern bringen.

Stattdessen zeigt der Autor realistische Wege auf, wie man trotz eines kleinen Startkapitals zu einem hauptberuflichen Trader werden kann. Und dies gilt sowohl für Trader, die privat bleiben wollen, als auch für diejenigen, die irgendwann Kundengelder traden wollen.

Dieses Buch zeigt Schritt für Schritt, wie Sie das schaffen können. Ergänzend gibt es noch einen konkreten Aktionsplan für jeden einzelnen Schritt. Jeder kann im Prinzip Trader werden, wenn er bereit ist zu lernen, wie dieses Geschäft wirklich funktioniert.

Inhaltsangabe

1. Wie kann ich mit 500 Euro Trader werden?

2. Wie Sie sich gute Trading-Gewohnheiten aneignen

3. Werden Sie ein disziplinierter Trader!

4. Das Märchen des Zinseszins

5. Wie tradet man ein 500-Euro-Konto?

6. Social Trading

7. Sprechen Sie mit Ihrem Broker

8. Wie wird man ein professioneller Trader?

9. Traden für einen Hedgefonds?

10. Lernen Sie networken

11. In 7 Schritten zum Profi-Trader

12. 500 Euro ist viel Geld.

Wie scalpe ich den Mini-DAX-Future?

Dank der Einführung des Mini-DAX-Futures (Kürzel: FDXM) bekommen Privatanleger mit kleineren Konten nun auch die Möglichkeit den deutschen Index DAX zu professionellen Konditionen zu scalpen. Im Gegensatz zu den meisten anderen Trading-Instrumenten sind Futures die transparenteste und günstigste Möglichkeit in den Finanzmärkten Geld zu verdienen.

Scalper haben unendlich viel mehr Trading-Gelegenheiten als Positionstrader oder Daytrader, was die eigentliche Stärke dieses Trading-Stiles ausmacht. Ein Scalper kann sein Kapital von daher viel effektiver verwalten als alle anderen Marktteilnehmer und ist somit in der Lage eine viel größere Rendite zu erwirtschaften als es sonst der Fall wäre.

Der Heikin Ashi Trader zeigt in diesem Buch wie man diesen neuen Future auf den DAX erfolgreich scalpen kann. Sie lernen, wie Sie in den Markt einsteigen, wie Sie Ihre Positionen managen und an welcher Stelle Sie wieder aussteigen sollten. Ausserdem enthält das Buch eine Fülle an Tipps und Tools, um das eigene Trading noch effektiver und präziser zu gestalten.

Inhaltsverzeichnis

1.   Die EUREX führt den Mini-DAX-Future ein

2.   Deutschland, ein Paradies für „innovative" Finanzprodukte

3.   Vorteile des Futures-Handels

4.   Der Heikin-Ashi-Chart

5.   Was ist Scalping?

6.   Was ist der Vorteil des Scalpers?

7.   Basis-Setup des Heikin Ashi-Scalpings

8.   Entry-Strategien

9.   Sind Re-Entries sinnvoll?

10.   Exit-Strategien

11.   Sind Multiple Targets sinnvoll?

12.   Wann Sie den Mini-DAX scalpen sollten (und wann nicht)

13.   Hilfreiche Tools zum Scalpen

    A. Orders platzieren

    B. Öffnen und Schließen der Orders

    C. Das Managen offener Orders

    D. Der Trailing Stop als Gewinnmaximierungs-Tool

14.   Verschiedene Stop-Arten

    A. Der Fixe Stop

    B. Der Trailing Stop

    C. Der Lineare Stop

    D. Der Zeit Stop

    E. Der Parabolic Stop

    F. Stop Order verknüpfen

    G. Multiple Stops und Multiple Targets

    15. Geld wird an der Börse mit Exit-Strategien verdient!

    16. Weiterentwicklung der Marktanalyse

A. Key Price Levels

B. LiveStatistics

Schlusswort

Glossar

Über den Autor

Weitere Bücher des Heikin Ashi Trader

Über den Autor

Heikin Ashi Trader wird weltweit als der Spezialist für Scalping mit dem Heikin Ashi Chart betrachtet. Er tradet auf dieser Weise seit 19 Jahren. Er hat für einen Hedgefonds gehandelt und machte sich dann als Trader selbständig. Sein Scalping-Buch "Scalpen macht Spaß!" ist ein internationaler Bestseller und wurde mehr als 30.000 Mal verkauft. Auf seiner Website www.heikinashitrader.net finden Sie weitere Informationen über seine Scalping-Methode.

Impressum

1.Auflage 2019

Published by:

Dao Press ist ein Imprint von

Splendid Island Ltd

Scanbox #05927

Ehrenbergstr. 16a

10245 Berlin - Deutschland